龍一語彙

坂本龍一の頭の中にある言葉を覗けば、
世界が読み解ける気がする。
本書では、原則、二〇一一年から二〇一七年の激動の七年間に
坂本龍一が発した言葉を集めて編集。
三〇〇以上となる語彙を、
三十六のカテゴリーに分けて、
「一般的語彙」「龍一的語彙」を加えて解説した。
語彙の検索には、8ページからの索引も活用してほしい。

龍一語彙

〔著者〕坂本龍一

目次

坂本龍一・特選インタビュー

索引

あ

あーと・しーん【アート・シーン】 240
あい【愛】 182
あいこく【愛国】 108
あいであ【アイデア】 202
あうたー・なしょなる【アウター・ナショナル】 85
あおじゃしん【青写真】 219
あしんく【async】 430
あつりょく【圧力】 226
あとみっくかふぇ【アトミックカフェ】 443
あのにます【アノニマス】 208
あふがんせんそう【アフガン戦争】 94
あめりかせいじ【アメリカ政治】 58
あれんじゃー【アレンジャー】 414
あんこくぶとう【暗黒舞踏】 251
あんぽほうせい【安保法制】 81

い

いあん【慰安】 171
いー・でぃー・えむ【ＥＤＭ】 327
いかり【怒り】 175
いけばな【生け花】 257
いさく【遺作】 192
いしき【意識】 214
いたみ【痛み】 173
いちきゅうきゅうろく【１９９６】 426
いまじねーしょん【imagination】 202
いやし【癒し】 170
いりょうかん【医療観】 18
いろこいれんぽう【イロコイ連邦】 96

う

ゔぃーがん【ヴィーガン】 20
ゔぃじる【ヴィジル】 223
うーあ【ＵＡ】 117
うなぎ【鰻】 297
うよく【右翼】 108
うわきなぼくら【浮気なぼくら】 438
うんどう【運動】 21

え

えいがかんとく【映画監督】 264
えきぞてぃっく・さうんど【エキゾティック・サウンド】 334
えこけーす【エコケース】 133
えここんしゃす【エココンシャス】 132
えす・えぬ／えむひごじゅっぱーせんと【ＳＮ／Ｍ比50％】 431
えす・えぬ・えす【ＳＮＳ】 152
えすぺらんと【エスペラント】 421
えむ・しー・えいと【MC-8】 148
えんそう【演奏】 386

お

おーけすとら【オーケストラ】 412
おおたけしんろう【大竹伸朗】 247
おきなわぶんか【沖縄文化】 118
おさけ【お酒】 303
おぺら【オペラ】 339
おむらいす【オムライス】 300
おりんぴっく【オリンピック】 310
おるたなてぃゔ・めでぃすん【オルタナティヴ・メディスン】 19
おんがくずかん【音楽図鑑】 420

おんがくりすと【音楽リスト】404
おんきょうちょうこく【音響彫刻】245
おんぐ【音具】406

か

かーぼん・おふせっと【カーボン・オフセット】129
かーるすてん・にこらい【カールステン・ニコライ】367
かーるはいんつ・しゅとっくはうぜん【カールハインツ・シュトックハウゼン】354
かゔぁー【カヴァー】402
かこ【過去】162
かつかれー【カツカレー】298
がっしょうぶ【合唱部】413
がん【ガン】16
かんきょうもんだい【環境問題】122
かんじょう【感情】170
かんていまえでびゅー【官邸前デビュー】78
かんとうぐん【関東軍】88
かんりしゃかい【管理社会】100

き

きずなわーるど【KIZUNAWORLD】446
きみがよ【君が代】109
きゅーいちいち【9・11】59
きょうかんかく【共感覚】168
きょうせいりょく【強制力】225
きりすときょう【キリスト教】314
きんゆう【金融】102

く

ぐすたふ・まーらー【グスタフ・マーラー】347
くせなきす【クセナキス】350
くび【馘首】238
くらうど・ふぁうんでぃんぐ【クラウド・ファウンディング】154
ぐりーん・こんしゅーまー【グリーン・コンシューマー】127
ぐるーゔ【グルーヴ】338
ぐれいしゃー【グレイシャー】429
くれーじー・きゃっつ【クレージー・キャッツ】369
ぐれん・ぐーるど【グレン・グールド】355

け

けいしき【形式】207
けしょう【化粧】290
げんいん【原因】206
けんこうおんがく【健康音楽】450
げんしばくだん【原子爆弾】90

こ

ごいけんばん【ご意見番】104
こう【香】256
こうきしん【好奇心】214
こーだ【CODA】269
こーひー【コーヒー】304
こきゅうちょうせつ【呼吸調節】40
こども【子供】46
このかくりつ【個の確立】221
ごひゃくにん【５００人】408
こむ・で・ぎゃるそん【コム・デ・ギャルソン】248
ごりら【ゴリラ】139
こんいん（せいど）【婚姻（制度）】185

こんせぷと【コンセプト】 205
こんせるゔぁとわーる【コンセルヴァトワール】 73
こんぱくと・でぃすく【コンパクト・ディスク】 149

さ

さいしょりこうじょう【再処理工場】 126
さうんどすけーぷ【サウンドスケープ】 244
さぶすくりぷしょんがたおんがくはいしんさーびす【サブスクリプション型音楽配信サービス】 158
さめ【サメ】 140
さんぽ【散歩】 30

し

し【死】 41
しぐねちゃー【シグネチャー】 222
しこうじっけん【思考実験】 201
じっけんおんがく【実験音楽】 321
しゃかいてきせきにん【社会的責任】 100
じゃず【ジャズ】 341
じゃず・ぴあの【ジャズ・ピアノ】 416
じゃすみんかくめい【ジャスミン革命】 91
じゃぱん【JAPAN】 371
じゃぱん・ばっしんぐ【ジャパン・バッシング】 84
じゆう【自由】 218
じゆうがくえん【自由学園】 54
しゅうちゅうりょく【集中力】 200
しゅしょく【主食】 294
じゅびりー・にせん【ジュビリー2000】 444
しょうてん【笑点】 255
じるべると・じる【ジルベルト・ジル】 358
しんけいすいじゃく【神経衰弱】 26
しんじゅく【新宿】 50
しんじゅくごーるでんがい【新宿ゴールデン街】 53
しんりんおん【森林音】 134

す

すいみんじかん【睡眠時間】 26
すこら【schola】 433
すし【鮨】 299
すずきしげる【鈴木茂】 363
すたじお・みゅーじしゃん【スタジオ・ミュージシャン】 415
すとれす【ストレス】 177
すもう【相撲】 308
ずれ【ズレ】 164

せ

せーるす【セールス】 381
せっしょん【セッション】 401
せっちおんがく【設置音楽】 450
ぜろ・らんどまいん【ZERO LANDMINE】 445
せんかくしょとうもんだい【尖閣諸島問題】 82
せんきょかつどう【選挙活動】 79
せんじょうのめりーくりすます【戦場のメリークリスマス】 262
せんしんこく【先進国】 86
せんす【センス】 204
ぜんたい【全体】 220

せんもん【専門】 400

そ

そっきょうえんそう【即興演奏】 387
そろ・でびゅー【ソロ・デビュー】 382

た

だいえっと【ダイエット】 22
たいおん【体温】 28
たかたにしろう【高谷史郎】 242
たかはしかずみ【高橋和巳】 283
たかはしゆうじ【高橋悠治】 357
だつげんぱつ【脱原発】 124
たなかしょうぞう【田中正造】 89
たまご【卵】 296
たわーれこーど【タワーレコード】 378
だんす・ばんど【ダンス・バンド】 343
たんすいかぶつだいえっと【炭水化物ダイエット】 23

ち

ちち【父】 44
ちていこ【地底湖】 75
ちゃりてぃ【チャリティ】 230
ちゃわん【茶碗】 257
ちゅういんとうがん【中咽頭ガン】 16
ちゅうごくえいが【中国映画】 263
ちゅーば【チューバ】 403
ちょう【腸】 34
ちょうかく【聴覚】 38
ちょうようきん【腸腰筋】 37
ちょうりつ【調律】 395
ちんもく【沈黙】 224

て

でぃー・えす・でぃー【DSD】 156
でゔぃっど・ぼうい【デヴィッド・ボウイ】 359
ておどーる・あどるの【テオドール・アドルノ】 349
てくの【テクノ】 325
てくのでりっく【テクノデリック】 437
てくのぽりす【テクノポリス】 436
てだすけ【手助け】 230
でも【デモ】 235
でもくらしー【デモクラシー】 113
てん【点】 407
でんき【電気】 123
でんしおんがく【電子音楽】 323
てんたいぼうえんきょう【天体望遠鏡】 289

と

とうきょう【東京】 50
どうじょう【同情】 178
どうせいこん【同性婚】 186
とうほくゆーすおーけすとら【東北ユースオーケストラ】 374
どきゅめんたりー【ドキュメンタリー】 271
どくしょ【読書】 287
とらんじしょん【トランジション】 393
とりっくすたー【トリックスター】 194

な

なかがみけんじ【中上健次】283
なかの【中野】52
なちす【ナチス】97
なつめそうせき【夏目漱石】282

に

にっか【日課】196
にほん【日本】66
にほんおんがく【日本音楽】320
にほんしょく【日本食】294
にゅーうぇいゔ【ニューウェイヴ】326
にゅうこん【入魂】172
にゅーよーく【ニューヨーク】60

ね

ねお・じお【NEO GEO】422
ねおきんだいしゅぎ【ネオ近代主義】112
ねっとはいしん【ネット配信】150
ねんまつねんし【年末年始】162

の

のう【能】252
のぐちせいたい【野口整体】29

は

はーとびーと【ハートビート】425
はいきょ【廃墟】74
はいれぞ【ハイレゾ】155
ばくてりあ【バクテリア】141
はくはん【白飯】295
はしりつづける【走り続ける】234
ばすけっとぼーる【バスケットボール】309
はたおり【機織り】258
はちゅうるいのう【爬虫類脳】39
はつげん【発言】231
はっぴー・えんど（きょく）【ハッピー・エンド（曲）】427
はっぴいえんど【はっぴいえんど】370
ばなな【バナナ】301
はは【母】45
ははとくらせば【母と暮せば】265
ぱぶりっく・こめんと【パブリック・コメント】80
はやしやさんぺい【林家三平】254
ぱれすちな【パレスチナ】69
はわい【ハワイ】61
はわいあん・ちゃんと【ハワイアン・チャント】333

ひ

ぴあのえんそう【ピアノ演奏】388
びー・じー・えむ【BGM】436
びー・つー・ゆにっと【B-2 Unit】420
ひえ【冷え】174
ぴえーる・ぶーれーず【ピエール・ブーレーズ】351
びじん【美人】184
ひだりきき【左利き】36
ひっぷ・ほっぷ【ヒップ・ホップ】337
びゅーてぃ【BEAUTY】424
びる・げいつ【ビル・ゲイツ】146
ひろしま【広島】67

ふ

ふぇいすぶっく【Facebook】153
ふぉーく【フォーク】332

ふくおかしんいち【福岡伸一】 138
ぶっきょう【仏教】 315
ふばいうんどう【不買運動】 111
ふまんぞく【不満足】 179
ぶらいあん・いーの【ブライアン・イーノ】 361
ぶらいす・ですなー【ブライス・デスナー】 368
ふらすとれーしょん【フラストレーション】 176
ふらっきんぐ【フラッキング】 127
ぶらっく・みゅーじっく【ブラック・ミュージック】 335
ふりー・ぺっつ【FreePets】 448
ぶりてぃっしゅ・こめでぃ【ブリティッシュ・コメディ】 249
ぶろーにゅのもり【ブローニュの森】 71

へ

へのこききん【辺野古基金】 116
へんきょく【編曲】 392

ほ

ほうふ【抱負】 204
ぽっぷ・あーと【ポップ・アート】 241
ぽぴゅらーおんがく【ポピュラー音楽】 322
ぼれりっしゅ【ボレリッシュ】 428

ま

まいくろすこーぴっく【マイクロスコーピック】 142
ますたりんぐ【マスタリング】 399
まっきんとっしゅ【Macintosh】 147
まつたけひでき【松武秀樹】 365
まりあ・しゅないだー【マリア・シュナイダー】 366
まれびと【客人】 316

み

みかく【味覚】 169
みみ【耳】 34
みんぞくおんがく【民族音楽】 329

め

めがね【眼鏡】 288
めじゃー・れーべる【メジャー・レーベル】 380
めっせーじ【メッセージ】 213
めっせーじ・そんぐ【メッセージ・ソング】 390
めろでぃ【メロディ】 391
めんでるすぞーん【メンデルスゾーン】 346

も

もーど【モード】 215
もずく【海蘊】 302
もでる【モデル】 195
もの【モノ】 286

や

やま【山】 163

ゆ

ゆうめいぜい【有名税】 103
ゆめ【夢】 212

ら

らいゔ・つあー【ライヴ・ツアー】 378

らいふ【LIFE】 442
らいふさんいちいちぷろじぇくと【LIFE311プロジェクト】 447
らいふすたいる【ライフスタイル】 190
らくご【落語】 253
らんぼう【乱暴】 237

り

りあくしょん【リアクション】 233
りずむ・ぱたーん【リズム・パターン】 394
りゅうきゅうおんがく【琉球音楽】 119
りょうしん【両親】 44
りょうどもんだい【領土問題】 83
りらくぜーしょん・みゅーじっく【リラクゼーション・ミュージック】 328

る

るーざー【LOSER】 193
るわんだ【ルワンダ】 67

れ

れゔぇなんと：よみがえりしもの【レヴェナント：蘇えりし者】 266
れおなるど・でぃかぷりお【レオナルド・ディカプリオ】 268
れこーどしょっぷ【レコードショップ】 383
れすぽんす【レスポンス】 233
れでぃおへっど【レディオヘッド】 373
れんあい【恋愛】 183
れんしゅう【練習】 391

ろ

ろっく【ロック】 342
ろっくんろーる・らいふ【ロックンロール・ライフ】 191
ろんどん【ロンドン】 70

わ

わいかむ【YCAM】 243
われなんじによばわる、しゅいえす・きりすとよ【われ汝に呼ばわる、主イエス・キリストよ】 389

一

健康

がん【ガン】

〈一般的語彙〉皮膚や粘膜・腺《せん》などにできる悪性の腫瘍《しゅよう》。

〈龍一的語彙〉２０１４年に発覚したのは中咽頭《ちゅういんとう》ガン。当初は身体の他の部位への転移の可能性も疑われたが中咽頭部のみに留《とど》まった。仕事の中断と休養を即断したために早い時期から治療に専念でき、経過は良好。

〈語録〉どれが最良の選択かは、結局素人にはわかりようがない。とことん調べたら、あとは自分が納得できる説を信じるしかないんです。ガンは頭がよくて巧妙。人間が持つ免疫システムはかなり複雑で巧みに働くけれど、ガンはそれをすり抜ける戦略を持っている。だから慎重に闘わないとダメだということがわかり、西洋医療で確実に叩《たた》いたうえで、代替医療をプラスすることにしました。（『婦人画報』２０１６年６月号）

ちゅういんとうがん【中咽頭ガン】

〈一般的語彙〉頭頸部《とうけいぶ》にできたガンを頭頸部ガンといい、中咽頭ガンは頭頸部ガンに含まれる。頭頸部のガン自体非常に発生頻度が少なく、最新の統計データでは口腔《こうくう》・咽頭ガンを合わせた発生数はガン全体の約２％。中咽頭ガンはこのうち10％前後にすぎない。

〈龍一的語彙〉かねてより咽《のど》に違和感を覚えていた坂本龍一《さかもとりゅういち》が、組織検査の結果、正式に中咽頭ガンと診察されたのは２０１４年６月末。翌月から始まる札幌《さっぽろ》国際芸術祭に全力を尽くしてきた中での病気の発表と芸術祭不参加の決断は重いものとなった。

〈語録〉この20年ぐらいは、自分としては健康に留意した生活をしてきていると思っていたので、最初に診断を聞いた時はまさか！　という気持ちが強かった。そして、医者には、治療の開始を札幌国際芸術祭の始まりに立ち会ってからにできないかと相談しました。ディレクターとして時間と神経を使って作り上げてきた芸術祭に、僕が立ちあえなかった場合の影響を想像して真っ青になる気持ちでしたから。しかし、医者としては当然、治療が遅れれば遅れるほどリスクは高まるので反対するわけです。大変に悩みました。自分の健康、命のリスクを冒すべきか、どうか。

（映画『Ryuichi Sakamoto: CODA』のためのインタビュー　２０１４年）

いりょうかん【医療観】

〈**一般的語彙**〉病気やけがを治すことの考え。

〈**龍一的語彙**〉日本でもアメリカでも、坂本龍一は本格的な医療を受けた経験がなかったため、医療の実際についてのイメージはほとんどなく、とくにアメリカのものについては病院を舞台にしたテレビドラマの印象のみだった。

〈**語録**〉**アメリカの医療観が180度変わりました。外科、放射線、化学療法と、3人の医師がチームになって、常に情報共有しながら進める。リーダーは外科医で、患者の職業や治療後の生活のクオリティを考えて方針を決めてくれるんです。コンピューターのシステムが導入されていて、自宅で治療経過や、血液検査の結果がすべて見られる。ドクターに対する質問なんかも全部ネットを通してできる。なるべく今まで通り、ふつうの生活をしてくださいと。そのほうが生活のクオリティを維持するにはよいということなんです。入院すると患者になってしまう。**（『婦人画報』2016年6月号）

おるたなてぃヴ・めでぃすん【オルタナティヴ・メディスン】

〈一般的語彙〉西洋医学の代わりに用いられる医療。東洋医学、伝統医学が主で、自然治癒力を高めることを目的としたもの。つまり手術や薬物を投与する西洋医学ではない。例えば、食事療法、アロマテラピー、温泉療法などがこう呼ばれる。これらは元々、欧米から発信された用語であり、欧米での医療の歴史が反映された概念である。

〈龍一的語彙〉坂本龍一としては、オルタナティヴ・メディスンに関して有効なものもあれば、無効なものもある。さらには個々人の体質や病状により効用の有無があることは当然。その上で選択肢として個人が選べるべきだとの立場をとる。

〈語録〉**外科、放射線、化学療法という3大治療が主ではあるけれど、ハーブやきのこといったものを使うオルタナの治療法についても、マイナス要因を含めて、自分たちの見解を、明確に公平に出している。ヨガのクラスを自由に受けられたり、鍼灸《しんきゅう》もあったり、サービスも受けられるんです。**（『婦人画報』２０１６年６月号）

ゔぃーがん【ヴィーガン】

〈一般的語彙〉純粋菜食者。完全菜食主義者。動物に苦しみを与えることへの嫌悪から、動物の肉（鶏肉・魚肉・その他の魚介類）と卵・乳製品・蜂蜜《はちみつ》を食べず、また動物製品を身につけない人たち。

〈龍一的語彙〉20年ほど前に菜食主義に興味を持ち、ニューヨークで有名なヴィーガン・レストランを何度か試した経験がある。その時は料理の味に満足ができずに断念した。

〈語録〉思い起こすと、ガンが発覚する前の数年間の食事は、肉を食べることが多かった。それがガンの原因になったのかもと反省して、とりあえずヴィーガンになろうかと思っています。ダイエットもかねて（笑）。ヴィーガンはニューヨークでは珍しくなくて、ヴィーガンの専門店もあれば、普通のレストランにもヴィーガン用メニューがあったりもする。それで今回、改めてそういうお店に行ったところ、これがびっくりするほどおいしい。20年前にくらべて菜食がさらに一般的になっていて、料理も進化しておいしくなっていた。おいしいものを食べたいというのは生き物の本能ですから、どんどんおいしい店が生まれていたようです。

（映画『Ryuichi Sakamoto: CODA』のためのインタビュー　２０１４年）

うんどう【運動】

〈一般的語彙〉心身を鍛《きた》えたり、楽しみのために体を動かすこと。スポーツ。

〈龍一的語彙〉坂本龍一の病気前の生活はプライベート・スタジオに籠《こも》って太陽も見ない毎日だった。

〈語録〉免疫強化のために代謝をよくしないといけない。代謝アップには筋肉量が必要だというので、少しずつ体を動かすようになりました。スポーツ医療を取り入れたカイロプラクティックやヨガの先生の指導を受けたりして、体全体を強化するための運動を取り入れていきました。人が立って歩くのって、前面ばかり意識しがちだけど、大切な

のは背面なんですって。続けるうちに、以前から抱えていた腰やひざの痛みなども改善されていきました。（「婦人画報」２０１６年６月号）

だいえっと【ダイエット】

〈一般的語彙〉美容や健康のためにする食事制限。（角川必携国語辞典）

〈龍一的語彙〉１９９３年にＹＭＯが再結成した際、ユニフォームをデザインした山本《やまもと》耀司《ようじ》が、東京でせっかく採寸してデザインしたのに、ニューヨークから戻ってきたらサイズが暴力的に変わってしまった人がいたという発言をしている。

〈語録〉実は医者から病気に勝つためには痩《や》せないほうがいいって言われてびっくりしました。それなので、今、太るために一生懸命食べています。大人になって以来、いかにダイエットするかが課題であり続けたので、せっかく痩せたのにまた太るために食べなきゃいけないというのは面白い状況ですね。（映画『Ryuichi Sakamoto: CODA』のためのインタビュー　２０１４年）

たんすいかぶつだいえっと【炭水化物ダイエット】

〈一般的語彙〉炭水化物を抜くダイエット。炭水化物とは主食といわれるもの、ご飯、パン、麺《めん》など小麦を原料とした食品を指す。それらの量を減らすか、抜くかをして血糖値をコントロールする。その他の食品は特に制限する必要はない。

〈龍一的語彙〉ダイエットもかねて菜食主義を試したことあるが、その時は生や創作に不可欠な闘争心が減じるという理由で断念した。

〈語録〉病気になる前はダイエットのために炭水化物を抜いて、肉食だったんですよ。何年間か。肉ばっかり食べていると、僕の場合はあんまり体重は増えなくて。炭水化物をカットして、肉でお腹いっぱいにしていたのね。でも、今思うと、それは……、良くなかったのかなあと思うんですよね。その頃は、鈍感だったから、聞こえていなかったけど。今だったら、2年間ぐらい菜食だから体が敏感になっていて、ちょっと別のモノが入ってくると、意識にのぼってくるようになっているかもしれない。

（冊子『健康音楽』２０１６年４月）

――7月10日に発表をされましたね。

はい。病気であると。あと、直近にあるふたつの大きなプロジェクトができないことと、すべてのスケジュールを一度ばらして、治療に専念するということを発表しました。

――その診断は、いつ頃受けられたんでしょうか？

結果が出たのは6月末ですね。始まってしまいましたけども、札幌《さっぽろ》国際芸術祭。これはこの2年間、神経を使って、時間も使って作ってきたものなので、全体が自分の作品と言ってもいいぐらい大事にしてきたものでした。例えば治療を遅くしてでも、札幌に行ってできることはやって、とも思って、医者にも相談したんですけれども、医者はやはりそれは勧められない、と。そうするのは自由だけれどもリスクは高まる、と。当然ですよね。それでも僕が行けない場合の影響を想像すると、もう本当に真っ青になるくらいの……、いやあ、大変悩みましたね。自分の体のリスクを冒してもやるべきなのか、どうかっていうことはね。

――喉《のど》ですよね。声もそうですが、今後、指への影響など表現に関わることに影響はあるのでしょうか？

喉だから声帯を傷つける可能性はあると思います。あと西洋医療の副作用も考えられるかもしれません。けれども、それよりも喉ですから、リンパ管がたくさん集まっていますよね。リンパ節がたくさんあって近いので、リンパ節に転移してしまうと簡単に全身どこにでも転移しやすくなるというリスクの方が僕は大きいんだと思います。それでそのリスクを下げるために、早く治療に入った方がいいという選択になったわけなんです。患部が非常に大きければ声帯まで傷つける場合もありますが、今のところは多分それはないと思います。あとピアノが弾けなくなるということもないと思います。ピアノが弾けなくなると本当に精神に関わることになるという気がしますけれども。今はこの病気の半分ぐらいの方は治るわけで、僕は何となく安心していますけどね。

――発表から1週間ちょっと経ちますけども、日々の生活は激変されたんじゃないですか?

現時点ではまだ本格的な治療というより検査ですね。本格的な治療が始まる前の準備ですね。それで頻繁に病院に行くのと、あとは自宅でできること。ダイエット、食事の改善と言いますか。簡単に言えばヴィーガンにして。思い起こすと、この数年、結構肉食が多かったんです。それがいけなかったのかと自分では反省していて、とりあえずヴィーガンにする、と。今まであまり行ったことのないニューヨークのお店を検索して良さそうなところに行ったりとか。ヴィーガン自体はニューヨークではそんなに珍しいことではないので、比較的に楽ですね。生活の激変という意味で言えば、朝起きて比較的すぐ1時間ぐらい歩いてますね。昔からは考えられないですけれども、非常に健康的で。川が近いので、朝、気持ちいいですよね。日課だけを見れば非常に健康的で、そうやって体調を良くして、環境を良くして、それで増え過ぎていた体重も無理なく減ってきていますし。あとはホリスティックな療法の本をたくさん読むとほぼ一様に書いているのは低体温を避けるということですよね。なので、それもやっていますね。1時間近く歩くとかなり血行も良くなりますし、汗もかくしね。いろいろやっていますよ、本当、できることは何でも。

――時間ができて、考える時間もできたりしているわけですよね。

それも貴重です。20代で仕事をし始めてから、40年近くになるんですけれども、こんなに突然、時間が空くことは初めてなわけで。これは貴重だなって思っていますね。今まで休みなく走り続けてきたわけですから、充電することも大事ですし、走っている時と休んでいる時とでは大きく環境が変わったわけですから、それで自分が何を考えるのか、あるいは、音楽がどう変化するのかとか、そういうことはとても面白いと思っています。自己観察といいますか、自分の考え方の変化を注意深く見ているところです。

(映画『Ryuichi Sakamoto: CODA』のためのインタビュー　２０１４年7月19日)

すいみんじかん【睡眠時間】

〈一般的語彙〉時の流れのうちの眠る一定の時間。

〈龍一的語彙〉周りのスタッフがあまりにタフすぎる坂本龍一の体力についていけず、「トリカブト」などの軽い毒を飲ませてちょっと弱らせたらどうだろうかという相談をしていたという噂もあった。

〈語録〉1980年代までは丸3日間寝ないということもあった。そこまでいかなくても、24時間作業し続けるというのは通常だったし、毎日大体16時間は働いていて、その後はお酒を飲みに行ったり。睡眠時間を取ってなかったですね。それぐらい丈夫だった。健康に気を遣うようになってからは早寝早起きで睡眠時間もしっかり取るようになりました。（映画『Ryuichi Sakamoto: CODA』のためのインタビュー　2014年）

しんけいすいじゃく【神経衰弱】

〈一般的語彙〉神経が過敏になって、不眠・頭痛・めまいなどを起こし、感情が不安定になる。

〈龍一的語彙〉坂本龍一が映画『レヴェナント：蘇えりし者』の時に患った神経衰弱の症状は、とにかく頭の中で制作中の音楽が鳴り止まずに極度の不眠状態に陥ってしまうというものだった。

〈語録〉大変なことは覚悟していたのですが、それでもやはり『レヴェナント：蘇えりし者』の音楽作りは想像以上に大変でした。音楽作りの初期段階では、ぼくは映画『母と暮せば』の作業で東京にいて、イニャリトゥ監督は日本と16時間の時差があるロスアンジェルスにいる。昼間、東京での仕事の前後にSkypeでイニャリトゥ監督と打ち合わせを綿密にするという。Skypeだとやはりコミュニケーション不足ですれちがいも多く、一日の仕事の時間も不規則かつ長いので、神経衰弱的な感じになりました。2015年の夏の時期です。（映画『Ryuichi Sakamoto: CODA』のためのインタビュー　2016年）

たいおん【体温】

〈一般的語彙〉人間や動物の体の温度。ヒトの場合は、ふつうセ氏36度から37度。

〈龍一的語彙〉体温を高く保つことの重要性は病気以前から認識しており、小型の自宅用足湯器も愛用していた。

〈語録〉体温を高く保つことが大事なんです。腸をいい状態に保つことによって、免疫細胞が生産される。ただし、できた免疫細胞に体中で活動してもらうためには適切な体温が必要で。体温が維持できていないと彼らが活動できない。すると、ガンをはじめ、いろんな病気が出てきてしまうんです。その免疫細胞が活動しやすいのは36度台後半と言われていて、それを保つと良いらしいんです。だから、毎朝、体温を測って、低いと自分の生死に関わる問題として、向かい合っています。今は体温と体重はエクセルで管理してますよ。（冊子『健康音楽』２０１６年４月）

のぐちせいたい【野口整体】

〈一般的語彙〉野口整体とは、整体協会初代会長であった故、野口晴哉《のぐちはるちか》氏によって創設。整体法は健康に元気に生き生きと生きるための方法で、活元運動、愉快法、体癖論から構成される。

〈龍一的語彙〉2010年に行われた大貫妙子とのジョイント・ツアー『A PROJECT OF TAEKO ONUKI & RYUICHI SAKAMOTO UTAU/TOUR 2010』（以下『UTAU』ツアー）でも、三枝龍生《さえぐさりゅうせい》氏は要所で両者の整体を行っていた。

〈語録〉大貫妙子さんに紹介してもらった整体の三枝龍生（知り合った当時は三枝誠《まこと》）という方がいて、とても影響されました。その方は興味深い人で、それまで僕は体のことや健康のことなど一切気にしたことがなかったから、全く知らない世界がそこに広がっていて。そんな世界があることを知って、そこから野口整体という東洋的な整体と食のマクロビオティックと合気道という三本柱でやり始めたんです。三つともどれも未知なる世界で、一挙にその三つがバンッて目の前にきて、貪《むさぼ》るように本を読んだり、マクロビオティック学を実践したり、合気道も真似っこみたいなこともやってみたり、ガンッて変わったんですよね。野口整体の野口晴哉さんはもう亡くなられてしまったんですが、自分の整体の流儀を作った天才的な方ですけども、その方の手に入る本はすべて手に入れて読みまくりました。（冊子『健康音楽』２０１６年４月）

さんぽ【散歩】

〈一般的語彙〉特別な目的をもたずに、ぶらぶら歩くこと。（角川必携国語辞典）

〈龍一的語彙〉ニューヨークでの毎朝の日課。自宅からハドソン川のほとりまで歩くことが多い。以前から行ってはいたが、ガンになってからはさらに積極的に散歩するようになった。

〈語録〉いろいろな本を読むと、低体温を避けることに効用があるらしい。なので、毎日、散歩に出かけています。歩くことで血行もよくなり、汗もかく。増えすぎていた体重も減ってきてダイエットにもなる。以前は行ったり行かなかったりだったのですが、必要に迫られると、人間、散歩のための小1時間ぐらいの時間は毎日ちゃんと作ることができるというのがよくわかった。でも、歩いていると楽しいですよ。たくさんの人と行き違うし、いい人間観察にもなる。ゴールのハドソン川の水位も観察。自宅の場所がニューヨークの洪水ハザード・マップのCランクのところにあるから、大型のハリケーンが来たら、うちも浸水の可能性があるんです。ハドソン川の水位を眺めながら、地下のスタジオのハード・ディスクに入っている音源はいざという時、どう持って階上に逃げようとか気になってくる。おや、昨日の豪雨でずいぶんと水位が上がっているぞと、僕は不安になっても、周囲の人は気にしている気配がない。自分はずいぶんな心配性なのかなと疑問に思ったりもして（笑）。

（映画『Ryuichi Sakamoto: CODA』のためのインタビュー　2014年）

二

身体

ちょう【腸】

〈一般的語彙〉胃の下端から肛門《こうもん》につながる管状の消化器官。大腸と小腸に分かれる。はらわた。

〈龍一的語彙〉坂本龍一は「腸は第二の脳」という学説を支持している。

〈語録〉最近は腸のことばかり考えていますよ。まず食生活は変わりますよね。それから便通をよくするとかですかね。腸の状態をいつも気にしてモニターして食べ過ぎだとか、負担がかかっているとか、良い状態に保とうとするんですね。腸内フローラというのは日本でも流行《はや》りの言葉になっていると聞きますけど、いい乳酸菌を摂《と》るのも大事です。しかし、普通に市販されているヨーグルトだと乳酸菌が腸に届く前に胃酸で溶けてしまうものも多いらしいです。なので、きちんと腸まで届くものを選んで摂取しないといけません。やはり、腸は大事ですね。（冊子『健康音楽』２０１６年４月）

みみ【耳】

〈一般的語彙〉音を感じる器官。体の平衡をとるはたらきもする。

〈龍一的語彙〉坂本龍一にとっては重要な器官。絶対音感ではないがそれに近く、音楽を聴くと頭の中に楽譜が浮かんでしまうので音楽をリラックスして聴きにくい。

〈語録〉音楽を聴きたくない時は、自分の状態が積極的に音楽を受け入れることができない時。そうじゃなくても、目と違って、耳は受動的な器官だから。目は見ようと思えば、見ることができるし、目をつぶれば、見ないようにすることができる。積極的な器官だから。耳は、手を使ったりして、よっぽど耳を塞《ふさ》がない限り、聞こえない状態にはできない。元々、耳は魚類のエラだったんですって。だけど、生物が陸に上がっていく過程で耳に変わっていった。で、目というのは、すごく積極的な器官で、見る、見ないという意思と関係しているんだけど、耳というのは寝ている時でも、ガサッと音がすると気が付いて、起きたりもする。だから、意識よりも下のレベルであるものらしいよね。意識は寝ているのに、聞こえている。そういう器官。呼吸とかに近い活動をしていると言えばわかりやすいかな。それは耳がエラだったから。生命としては一番底辺の器官と

考えてもいいんだと思う。（冊子『設置音楽』２０１７年４月）

ひだりきき【左利き】

〈一般的語彙〉利き手が左であること。

〈教授的語彙〉坂本龍一は左利きだが運良く矯正されたことはない。自身３作目のソロアルバムのタイトルは『左うでの夢』（１９８１年発売）。

〈語彙〉（小学校低学年のころ）左手は伴奏で、右手が「きれいな」メロディを弾いているような音楽は、本当にきらいだったのね。そういう曲を弾くのも嫌だし、聴くのも嫌だった。なぜバッハが好きか、叔父《おじ》さんに説明したことがある。それはね、バッハの曲では右手と左手が「対等の役割」を持っているから。そこにすごく自分は感動しているわけ。左ぎっちょだったからかな。だから、左手が異常におとしめられているってことに対して反発があったんじゃないかな。（『ｓｋｍｔ』１９９９年）

ちょうようきん【腸腰筋】

〈一般的語彙〉股関節《こ》の筋肉。腸腰筋は体の中心・深部に位置する筋肉で、体幹の安定性に関わっており、ウォーキングやランニングなど、日々の生活の中でとても深い関係をもっている。

〈龍一的語彙〉健康に関心を持つようになって以来、バランスボールを愛用するなど、筋力の維持に努めてきた。

〈語録〉ニューヨークで毎日ルーティンのように時間を決めてやっているワークアウトが……、まあ、ワークアウトというと言い過ぎかな（笑）、ストレッチ、ヨガ、気功など、自分の中で取り入れてきたものを組み合わせた、きちんとやると小1時間ぐらいかかるメニューがあるんですが、それをずっとやっているんです。でも、やっぱり、旅行に出るとそれが難しくなっちゃうんで、ちょっと今は怠けちゃって、「それはいかん」となっている最中ですね（笑）。体力の回復とともにメニューに少しずつ加えているものがあって、筋力が増えてきたりするので、今は腸腰筋という、立ったり、座ったりする時に使うでっかい筋肉があるんですが、そこを鍛えたりしてますね。そこが強くなると、姿勢が良くなるので。僕は若い頃から年に1回ぐらいギックリ腰をしていたんだけど、最近では出なくなっているから、実際効果も感じています。あと、免疫力を高めるためには、ある程度、筋力がないと血流が増えないというのもあって、免疫力を高めるためには体を動かさないといけないから。（冊子『設置音楽』２０１７年４月）

ちょうかく【聴覚】

〈一般的語彙〉五感の一つ。音を聞きわける感覚。

〈龍一的語彙〉職業病で、何度か難聴を患った。２０１０年の『ＵＴＡＵ』ツアーでは補聴器メーカーをスポンサーに迎えたこともある。

〈語録〉進化する過程で、人類はチンパンジーとかゴリラみたいにジャングルに住んでいたよね。ジャングルって、非常に視界が悪くて、先が見えない。だから、視界にだけ頼っていたら、生存できない。ところが聴覚っていうものは、何メートルも先の見えない天敵や獲物の行動が聞こえる。そこで次の行動が判断できるわけだよね。ジャングルで進化した僕らの先祖のゴリラとかチンパンジーは聴覚が異常に発達しているはず。

（冊子『設置音楽』２０１７年４月）

はちゅうるいのう【爬虫類脳】

〈一般的語彙〉人間の脳というのは、３層構造になっており、１つ目は本能を司《つかさど》る爬虫《はちゅう》類脳、２つ目は感情を司る動物脳（哺乳《ほにゅう》類脳）、３つ目は思考を司る人間脳で、この３つで作られている。爬虫類脳は一番古く、人間脳が一番新しい脳で、爬虫類脳は本能を司るところであり、人間の基本的な欲求はここから生まれている。無意識で判断し、人間を行動させるのが爬虫類脳と呼ばれる。

〈龍一的語彙〉哺乳類に進化する前の段階から人間の脳に残る脳幹に、坂本龍一はロマンを感じるという。

〈語録〉爬虫類脳と呼ばれる脳幹から、ごく最近できたとされる大脳新皮質まで、バン

ッと通底するというか、特急のエレベーターのように貫いて、信号を送る。例えば、森で寝ていて、２㎞先でガサッと物音がしたら、意識が「起きて」「逃げろ」という前に逃げている。ものすごく生物の根源的な部分を一気に呼び起こすことができて、人間の最も底辺な部分を司っているらしいんだよね。ところが、人間的なロマンティックな感情とか、郷愁とか、未来への希望とか、恐怖とか、期待とか、抽象的な人間にしか感じないようなことも呼び起こすことができるというのは本当に不思議だよね。しかし、もしかしたら人間が特殊に持っていると思っている感情は、生物の生存に関わる根源的な機能から呼び起こされている感情かもしれないのに、人間が勝手にそう思っているだけかもしれない。その感情を書き起こしたり、話したりするのは人間独特の行為だけど、それを呼び起こす元はもっと生物的な機能なのかもしれない。今晩、風の音が強いとするじゃない？　それだけで不安な気持ちになるよね。そして、人によっては、宮沢賢治《みやざわけんじ》の詩が浮かんだりとか、アニメの１シーンが浮かんだりとかするよね。そういう時って、人間の生物としての古い基底的な部分と人間の表現的な部分が繋《つな》がっている感じがする。これは本当に面白い。（冊子『設置音楽』２０１７年４月）

こきゅうちょうせつ【呼吸調節】

〈一般的語彙〉脳中枢が呼吸を調節することである。呼吸調節によって、息を吸ったり吐いたりするタイミングやリズムの深さが決定される。

〈龍一的語彙〉坂本龍一はコンサートで、時々イタズラとして観客の呼吸のタイミングを狂わせるような呼吸調節を行い、エンディングの演奏をしたりもする。

〈語録〉**演奏というのはお客の呼吸を調節することができるの。あるところで止めたりとか。すごく怖いことでもあるんだけど、それは感じるね。**（『Cut』2013年1月号）

し【死】

〈一般的語彙〉命がなくなること。死ぬこと。

〈龍一的語彙〉坂本龍一が本当の意味で初めて自分の死を実感したのは、2014年に中咽頭《ちゅういんとう》ガンの罹患《りかん》が発覚した時。

〈語録〉死というのはね、人間の技術で少しは先延ばしをしたりしますけど。本来はできないですよね。それは津波と同じだと思うんですよ。津波と同じだというのは、最悪なことをもたらすという意味だけではなくて、僕たちが生まれることとか、ひとつの種から植物が育つこととかと同じこと。（冊子『健康音楽』２０１６年４月）

三

家族

りょうしん【両親】

〈一般的語彙〉父と母。ふたおや。

〈龍一的語彙〉父・坂本一亀《かずき》。母・坂本敬子《けいこ》。多く残されている母との写真に比べ、父と一緒の写真、あるいは両親と揃って一緒に撮った写真は数が少ない。

〈語録〉僕はもっぱら母とだけ仲良くしていた。なにしろ父は毎日帰宅が遅くて、その頃には僕は寝ているし顔を合わす機会がない。日曜日もお昼くらいまで寝ているし。そして父は怖かった。九州男児で軍隊経験者だから言葉が荒くて声も大きい。ずっと怖くて高校生になっても目を合せないようにしていたくらい。

（映画『Ryuichi Sakamoto: CODA』のためのインタビューより　２０１６年）

ちち【父】

〈一般的語彙〉両親のうちの男親。父親。おとうさん。

〈龍一的語彙〉坂本一亀。著名な文芸編集者で、河出書房在籍中に野間宏《のまひろし》、高橋和巳《たかはしかずみ》、三島由紀夫《みしまゆきお》など多くの文学者を担当し、その代表作となる作品の執筆に関わった。

〈語録〉父の印象は、僕が6歳の頃まで住んだ中野の家の印象と一体になっています。安普請の傾きそうな一軒屋で、とにかく家の中は本だらけ。すごい量の本と、作家の生原稿があちこちに積まれている。日中も薄暗い家の中で常に本を読んでいる人というのが父のイメージです。（映画『Ryuichi Sakamoto: CODA』のためのインタビューより　２０１６年）

はは【母】

〈一般的語彙〉親のうちの女のほう。女親。おかあさん。

〈龍一的語彙〉坂本敬子。帽子のデザイナーでもある。坂本龍一が初めてレコード会社と契約してソロ・デビューとなった時には、レコード会社に挨拶《あいさつ》に行ったほか、ＹＭＯのブレイクで坂本龍一の知名度が高まったのちもメディアで飾らずにざっくばらんに坂本龍一の素顔を語るなど、終生息子への愛を隠さなかった。

〈語録〉母はラテン度が高い人だった。若い頃からイタリア的なものが大好きで、映画館に僕を連れてフェデリコ・フェリーニの『道』を観に行ったりも。『道』のテーマ曲のニーノ・ロータのメロディは小さい頃から僕の頭の中に強く印象に残っています。あまり好きな曲ではないんですけどね（笑）。母は歳を取ってからも何度もイタリア旅行に出かけたりして、ラテン度の高さは生涯変わらなかったですね。

（映画『Ryuichi Sakamoto: CODA』のためのインタビューより　２０１６年）

こども【子供】

〈一般的語彙〉親に対して、その娘や息子。年の若い、幼い人。一人前のおとなではない人。

〈龍一的語彙〉子供を持ったことが環境問題を考えるきっかけになったように、重要な存在。

〈語録〉最近は新しい音楽は子供から教えてもらうことも多いかな（笑）。「最近、何聴いてるの？」って聞いたり、気になる音楽を流していたりしたら、「これ、何？」って聞いたりして（笑）。新しいと言っても、古い、新しいという意味の新しいではなく、まだ出会っていない音楽を聴きたいってことですかね。（冊子『設置音楽』２０１７年４月）

四

東京

とうきょう【東京】

〈一般的語彙〉明治維新後、江戸《えど》を改称して定められた日本の首都。東京は太平洋《たいへいよう》戦争期の戦災からの復興、さらに高度経済成長を経て1000万都市に変貌《へんぼう》した。

（角川必携国語辞典）

〈龍一的語彙〉坂本龍一自身、「自分はある意味〝東京〟的な人間かもしれない」と考えている。

〈語録〉やはり生まれ育った環境は人間に大きく影響を与えるのではないかと思います。僕が生まれ育った時代の東京はいろいろな文化が混在するエネルギーが強い都市だった。混在しているからこそ強いというエネルギー。それがピークに達したのが1980年代かもしれない。今はずいぶん減ってしまっているかな。

（映画『Ryuichi Sakamoto: CODA』のためのインタビュー　2014年）

しんじゅく【新宿】

〈一般的語彙〉東京都の区名。新宿区は１９４７（昭和22）年、四谷《よつや》・牛込《うしごめ》・淀橋《よどばし》の3区が合併して発足。また、東京都新宿区南西部と一部渋谷《しぶや》区にまたがる新宿駅を中心とした歓楽街・オフィス街・住宅地区を指す地域名。渋谷、池袋《いけぶくろ》と並ぶ三大副都心の一つでもある。

〈龍一的語彙〉新宿御苑《ぎょえん》近くに建つ都立新宿高校に進学したことで、坂本龍一は10代を新宿の騒乱と祝祭の中で過ごすことになった。学生運動、名画座、ジャズ喫茶、アングラ演劇など、坂本龍一の青春時代のすべてが新宿にあったと言っても過言ではない。

〈語録〉１９６７年から１９６９年という新宿が日本のサブカルチャーのど真ん中にいた時代にそこで過ごしました。面白かったなあ。遊びで忙しくて学校に行く暇がないほど。新宿という街自体がとてもエネルギッシュで刺激的でした。高校生からするとおじさんなんですけれど、山下洋輔《やましたようすけ》さんとか大島渚《おおしまなぎさ》さんとか、面白い大人もいっぱいいて、大きな刺激を受けました。友達とつるんで遊ぶだけじゃなく、ひとりで映画を観たりコンサートに行ったりジャズ喫茶に行ったりもして、たくさんの文化を吸収した街です。

（映画『Ryuichi Sakamoto: CODA』のためのインタビュー　２０１４年）

なかの【中野】

〈一般的語彙〉東京都の特別区のひとつで、23区西部に位置している。

〈龍一的語彙〉坂本龍一が5歳半まで住んでいた東京の区。近所には祖父や叔父《おじ》たちも住んでおり、音楽好きでレコードをいっぱい持っていた叔父のひとりからは大きな影響を受けた。

〈語録〉一番古い記憶は生まれ育った中野の家やその周辺の記憶かな。家は青梅《おうめ》街道からちょっと入ったところにあったんだけど、周りには『ドラえもん』の漫画に出てくるような土管が置いてある空き地があったりした。イタチも出たんですよ！　そしてその頃の青梅街道は、まだ都電が走っていて荷車を引く馬もいた。3歳ぐらいの時、僕は冒険のつもりで初めてひとりでその青梅街道を横断して、家のある方とは逆の側に行っちゃった。どうしたんだろう。僕は基本的に小心で、石橋を叩《たた》いても渡らないタイプ

（笑）。それがあんなに自動車も通る道を渡っちゃって、案の定、渡ったはいいけれど怖くなってもう一度渡って帰ることができなくなっちゃった。高い木に登ったはいいものの降りられなくなっちゃった子熊や子猫みたいなもの。歩道でわんわん泣いていたところを、近所の材木屋のおっちゃんが助けに来てくれて連れて帰ってもらいました。

（映画『Ryuichi Sakamoto: CODA』のためのインタビュー　２０１６年）

しんじゅくごーるでんがい【新宿ゴールデン街】

〈一般的語彙〉東京都新宿区歌舞伎《かぶき》町１丁目にある飲食店街。敗戦の混乱時、新宿駅の東側に闇市「新宿マーケット」が開かれ、その後名前を変え、屋台のような小屋掛けの飲み屋街となった。文学や演劇、映画関係者、多くの文化人が集う場所でもある。現在は観光地化されており、海外からの訪問客も多い。

〈龍一的語彙〉この新宿の猥雑《わいざつ》な飲み屋街での友部《ともべ》正人《まさと》との出会い、そして彼からたまたまレコーディングに誘われたことが、坂本龍一をスタジオ・ミュージシャンへの道に進ませた。音楽家・坂本龍一のその後を決定づけた街といっても過言ではないだろう。

〈語録〉東京藝大の大学院に進んだものの、とくになにか目的があってではなく、もうしばらく学生の身分でいたかっただけ。演劇関係の友達に新宿ゴールデン街に連れて行かれて、やがてひとりでも通うようになり、その中の5人も座れば満員になる小さなバーで出会ったのが友部正人でした。僕は名前も知らなかったけど、一緒に飲んで会話が弾んで、向こうはフォークの歌手で、僕はピアノが弾けるということもわかった。そうしたら明日レコーディングがあるからピアノを弾かないかと誘われたんです。実際にどんな音楽をやっているのかも知らないまま千駄ヶ谷《せんだがや》のソニーのスタジオに遊びに行って、何曲かピアノを弾きました。彼はその演奏を気に入ってくれて、それが『誰も僕の絵を描けないだろう』というレコードとなり、ふたりで日本全国を演奏旅行することに。北海道から九州まで、いろんなところに行ったなあ。

（映画『Ryuichi Sakamoto: CODA』のためのインタビュー　２０１４年）

じゆうがくえん【自由学園】

〈一般的語彙〉東京都東久留米市学園町《ひがしくるめしがくえんちょう》にある私立の学校法人。クリスチャンだった女性の思想家・羽仁《はに》もと子《こ》と羽仁吉一《よしいち》の夫妻によって１９２１年に設立された。「24時間の生活全てが勉強」というキリスト教を土台とした理念のもと人間教育を実施している。出身者には、ノーベル化学賞を受賞した野依良治《のよりりょうじ》（化学者）、三善晃《みよしあきら》（作曲家）、蜷川実《にながわみ》花《か》（写真家）、古内東子《ふるうちとうこ》（歌手）などがいる。

〈龍一的語彙〉坂本龍一が通った自由学園系列の幼稚園は「幼児生活団」と呼ばれ、型にはまらない幼児教育、情操教育が行われることで有名。一時、幼稚園児ながら坂本龍一は仮住まい宅の白金《しろかね》から幼稚園のある世田谷《せたがや》までひとりでバスと電車を乗り継いで通園。帰りには映画館に寄り道するなどして叱られ、幼稚園の悪い子代表とされていた。

〈語録〉母親が見つけて、僕を入れてくれたのが自由学園系列の幼稚園でした。日本ではまだ珍しかった自由な校風の学校の系列にあった幼稚園。ずっと先輩だけれど、オノ・ヨーコさんも本家である自由学園の幼稚園に通っていたはず。そこでピアノも習いはじめたのだけど、ピアノの記憶はあまりなくて、ある時、幼稚園の窓ガラスに絵を描けって言われて、え、ガラスに絵なんか描いても怒られないの？　それに僕たちが描いちゃったら次の年の子たちが描けなくなっちゃうけどいいの？　不公平じゃないか！

と思ったことが強く印象に残っています。

（映画『Ryuichi Sakamoto: CODA』のためのインタビュー　２０１６年）

五

アメリカ

あめりかせいじ【アメリカ政治】

〈一般的語彙〉アメリカは1787年の合衆国憲法で、モンテスキューの影響をうけた厳格な三権分立法と大統領制という政治制度を採用した。議会と大統領の関係がはっきりしており、お互いに抑制し合い均衡している。大統領はアメリカの国家元首であり、同時にアメリカの象徴的なイメージもある。現在は民主党と共和党の二大政党制である。

〈龍一的語彙〉大勢のリベラル派のアメリカ人、アメリカ居住者と同様に、坂本龍一も当初、ドナルド・トランプ大統領は選挙戦中盤までには撤退する色物候補という思い込みがあり、実際に大統領に選出された時には、アメリカからの再移住プランも頭をよぎったとのこと。

〈語録〉**民主主義がないがしろにされている気がしています。でも、半数近くのアメリカ人が毎週のようにデモをしているので、希望はありますよ。日本の政治も似た状態になっていますが、抗議の声は残念ながらそれほど大きくありません。これがアメリカと日本の違いでしょうね。**（『i-D Japan no.3』２０１７年4月5日）

きゅーいちいち【9・11】

〈一般的語彙〉２００１年9月11日に起きたアメリカ同時多発テロ事件。航空機等を用いた４つのテロ事件の総称である。ハイジャックされた２機の民間航空機がニューヨークのワールドトレードセンター（世界貿易センター）に突入し、全世界に衝撃を与えた。その後、アメリカ軍は報復としてアフガニスタン戦争、イラク戦争を行った。

〈龍一的語彙〉ニューヨーク在住の坂本龍一にとっては、まさに日常が突然崩れるような経験だったという。テレビを通してではなく、実際にその目で世界貿易センターが崩落するのを見て、思わずカメラを持って通りに飛び出していった。

〈語録〉自宅とはそんなに離れてはいない場所で起こった事件。毎日毎日、その目で見ている世界貿易センタービルが燃えて崩れていく様というのは、ずいぶんシュールリアリスティックな光景に見えました。理性的に分析するというのではなく、直感として、それまでとはレベルがちがう過激な環境主義者たちがその主張を示すために起こしたテ

ロなんじゃないかとつい思ってしまったこともよく憶《おぼ》えています。当時環境問題のことで頭がいっぱいだったからかもしれません。ビルが崩落したあと、自宅の近辺も焦げ臭い匂いが漂ってきて、次になにかが起こった時にはどうしようと真剣に悩みました。マンハッタン島はその名のとおりに島ですから、トンネルや橋になにかあったり、封鎖されたらもう逃げ場はない。その小さな島に何百万人も住んでいるのだから孤立したら恐ろしい事態になるとこれまでにない危機感を持ちました。日常の中の危機感という意味で、たとえばパレスチナのガザに暮らす人や、今シリアに暮らす人の気持ちが少しはわかったような気もします。日常生活の中でいつなんどきに命の危険にさらされるかわからないというのは大変なストレスで、多少なりとも事態が落ち着いた何週間か後まで、作曲はおろか音楽を聴く心の余裕さえありませんでした。

（映画『Ryuichi Sakamoto: CODA』のためのインタビュー　２０１４年）

にゅーよーく【ニューヨーク】

〈一般的語彙〉アメリカ合衆国ニューヨーク州にある同国最大の都市。アメリカ合衆国北東部の大西洋《たいせいよう》に面し、巨大なニューヨーク港を持つ。１６２６年、オランダが先住民からマンハッタン島を購入して建設。ニューネザーランド植民地の中心として栄えたが、1664年イギリスに占領され、ニューヨークと改められた。金融、商業、エンターテインメントなどにおいて世界に多大な影響を及ぼしている。

〈龍一的語彙〉坂本龍一が1990年から居住しているアメリカの都市。映画の街であるハリウッドにもヨーロッパにもほぼ等距離という理由で移住先として選ばれた。

〈語録〉移り住む以前からレコーディングやコンサートで何度も来ていて、長期滞在の経験もあった。ミュージシャンの知りあいも大勢いる。ですから、住むまではニューヨークはよく知っているつもりでした。しかし、いざ住んでみるとやはり勝手が違う。マンハッタンの街中はともかく、ニューヨーク市内でもちょっと離れると、まだまだベトナム戦争以前のアメリカの面影が残っている。お客として限られた期間を過ごすのと生活するのでは大きく違うことがわかりました。

（映画『Ryuichi Sakamoto: CODA』のためのインタビュー　2014年）

はわい【ハワイ】

〈一般的語彙〉北太平洋中央に位置し、アメリカ合衆国ハワイ州を構成する諸島。大小130の島々からなる。観光が経済の主軸となり、アメリカ本土・日本・ヨーロッパなどから多くの観光客が訪れている。

〈龍一的語彙〉1980年代からハワイとゴルフは嫌いだという発言を度々行っていた。ゴルフに関してはつきあいで一度だけ試してみたが、やはり好きになれなかったとのこと。ハワイに対する悪いイメージにはハワイの伝統音楽とは無関係な後世に形作られたムード音楽としてのハワイアンもあったという。

〈語録〉実は、僕、ハワイ嫌いなんです（笑）。いや、だったんです。療養のための伝手《つて》というか、オルタナな、漢方とか鍼《はり》とかいろんな治療をしてくれる先生がいて、そこに通おうと1カ月間ハワイに行ったんです。そうしたら、観光名所のハワイは今でも嫌いなんだけど、ハワイ自体は素晴らしいところだと思いました。観光の場所にさえ近づかなければ、ハワイのローカルの人たちも素敵《すてき》だし、自然環境も素晴らしいし、そして、何と言っても、一番いいのは温暖な気候。トロピカルなんだけども、湿気があんまりな

くて過ごしやすい。気候というのが最高のサプリメントかもしれませんね。

（冊子『健康音楽』２０１６年４月）

六

場所

にほん【日本】

〈一般的語彙〉日本の国号は701（大宝《たいほう》1）年制定の大宝律令で法的に定まった。日本成立以前は、「やまと（大和・大倭）」や大八洲国《おおやしまのくに》と称す。中国から『後漢書《ごかんじょ》』より倭《わ》国《こく》と呼称され、『旧唐書《くとうじょ》』で「日本」にかわる。（角川必携国語辞典）

〈龍一的語彙〉日本とは複雑な関係であると述懐することが多い。日本の風土やそこに住む人々、文化を愛するという意味で日本を愛しているが、日本という国家を愛しているわけではないという発言もある。

〈語録〉日本は、全く希望がないわけじゃないけれど、今どんどんよくない状態に陥っていると思います。国の借金がもともと多いのに、国債をどんどん発行してツケを将来に回している。国際的にもあまりにもアメリカ追従で、アメリカの仲間だから敵だと認定されることも増えています。このことを考え出すとストレスが増えて病気によくないので、なるべく考えないようにはしていますが。

（映画『Ryuichi Sakamoto: CODA』のためのインタビュー　2014年）

ひろしま【広島】

〈一般的語彙〉日本の中国地方に位置する都道府県の一つ。気候は温暖で、瀬戸《せと》内海《ないかい》と中国山地という豊かな自然に恵まれている。県庁所在地は広島市。広島には原爆ドームと厳島《いつくしま》神社の2つのユネスコ登録世界文化遺産がある。

〈龍一的語彙〉ツアーやその他の仕事で何度も訪れている県。母の坂本敬子が一時住んでいたこともあって、馴染《なじみ》の深い地でもある。

〈語録〉広島の平和記念公園にある原爆資料館（正式名称・広島平和記念資料館）は丹下《たんげ》健三《けんぞう》の設計で、本当によい建築物だと思う。あの資料館と平和記念公園一帯にはなにかしらオーラがある。お好み焼きもおいしいしね。

（映画『Ryuichi Sakamoto: CODA』のためのインタビュー　２０１３年）

るわんだ【ルワンダ】

〈一般的語彙〉アフリカ中部の内陸高原にある共和国。首都キガリ。アフリカで最も人口密度が高い国。言語はキニアルワンダ語、英語。ルワンダの中心的な産業は農業であるが、輸出において最も重要なのがコーヒー、茶や錫《すず》である。現在は高い経済成長率で目覚ましい発展を遂げている。「ルワンダ虐殺」とは１９９４年フツ人によるツチ人の大量虐殺が始まり、わずか3カ月足らずで約１００万人近くの人間が虐殺された行為。フツ人系大統領が何者かに暗殺されたことをきっかけに抗争が激化。ツチ人のルワンダ愛国戦線が同国を制圧するまで虐殺は続いた。

〈龍一的語彙〉１９９７年頃に詳細が発覚し、世界を騒然とさせたルワンダの民族紛争、虐殺の報道に坂本龍一は大きなショックを受け、感情の赴くままに作品『untitled #1』を書き上げた。ルワンダ報道に接しての感情をそのままタイトルとした各楽章「Grief」「Anger」「Prayer」「Salvation」は、それぞれリミックス・ヴァージョンを収録した12インチ・シングルとして世界発売された。

〈語録〉直接的な環境問題とはまた違うけれど、アフリカでの、ルワンダでの民族浄化

や虐殺の問題がなぜ起こったかというと、それはやはり人為的な環境の破壊に結びついているると思いました。今地球上の人類の社会を支配しているキャピタリズム、マネタリズムが引き起こした環境の破壊に結びついている。そのルワンダでの紛争と虐殺の詳細が報道されると、もう発言せざるをえない。このルワンダの虐殺のニュースに深く接して、もう我慢ができなかった。ニュースを見て、その夜にこのことを曲にしなきゃいけないと夢の中で思った。ベッドからぱっと起きて、そのまま地下のスタジオに行って、勢いで書き上げたのが『DISCORD』というオーケストラ・アルバムに入っている「Grief」「Anger」「Prayer」「Salvation」という各楽章です。あの悲惨でつらいニュースに接した時の、僕のとてもシンプルな反応である、「悲しい」「怒り」「祈り」「救い」という感情がそのまま楽章になっている。そうせざるをえなかった。

（映画『Ryuichi Sakamoto: CODA』のためのインタビュー　２０１４年）

ぱれすちな【パレスチナ】

〈一般的語彙〉現在のイスラエル、ヨルダン川西岸、ガザを含む地中海東岸の地域のこと。「ペリシテ人の地」の意。聖書のカナンで、古代イスラエル王国の地。中心都市はエルサレム。ローマ、イスラム諸王朝などの支配を経て、16世紀以降オスマン帝国領となるが、その解体により第1次世界大戦後、委任統治下に置かれた。大戦中のイギリスの二重外交によりパレスチナ問題が発生し、イスラエル、ヨルダン、エジプトにより分割され、現在も多くの問題をかかえている。

〈龍一的語彙〉高校、大学時代に積極的に学生運動に参加していた坂本龍一にとって、イスラエルによるパレスチナ占領問題とインティファーダ（蜂起や反乱の意）は長年の憂慮の種でもあった。

〈語録〉将来的には、東北ユースオーケストラの子供たちをパレスチナに連れて行って、演奏するなどの希望もあります。向こうでユダヤ人も、パレスチナ人も、日本の東北の子も一緒に演奏するとか、夢は少し膨らんできている。子供たちも「海外に行きたい」「海外で演奏したい」って言っている。いいなあと思ってます。（冊子『健康音楽』２０１６年４月）

ろんどん【ロンドン】

〈一般的語彙〉イギリスの首都。芸術、商業、教育、ファッション、経済、メディア、観光、交通の一大中心地で広範囲にわたる分野において強い影響力がある。300以上の言語が使われている。1908年、1948年、2012年に合計3度のオリンピック開催地となり、同一都市としては史上最多。（角川必携国語辞典）

〈龍一的語彙〉最初のワールド・ツアーにおけるYMOのロンドン公演は1979年10月16日と同22日にライヴ・ハウス〝ザ・ヴェニュー〟で行われた。

〈語録〉YMOのワールド・ツアーでは、日本人や日本の文化の代表的な役割を押し付けられたような感覚も強くて、本当に重荷でした。それは言ってみれば大きな社会の歯車のひとつになることで、僕にはまったく向いていない。ツアーの最初の公演地であるロンドンに滞在していた時には、明治時代にこの街に夏目《なつめ》漱石《そうせき》が国費留学していて、そういえば漱石も神経衰弱になったんだよなあということを思い出しました。

（映画『Ryuichi Sakamoto: CODA』のためのインタビュー　2014年）

ぶろーにゅのもり【ブローニュの森】

〈一般的語彙〉フランス・パリ16区にある森林公園。パリの中心部から西へ5㎞ほどの地域にあり、パリ市民にとって憩いの場として、休日にはスポーツなどを楽しむ人々で賑《にぎ》わう。

〈龍一的語彙〉坂本龍一は「ドビュッシーの生まれ変わり」と信じていた10代前半から、ブローニュの森には特別な思い入れがある。

〈語録〉ドビュッシーに『雲』という曲があるんですけど、それがものすごく好きになって、よく聴いていました。一方、パリ16区にブローニュの森という大きな公園がある。そこに入っていくと、木々が鬱蒼《うっそう》としていて、暗くなっている。しかも、冬のパリは灰色の雲に覆われていて、その冬の時期にその公園を歩くとかなり暗い感じになるんですよ。僕は中学生でドビュッシーの『雲』を聴いていた時、そのブーロニュの森を覆っていた雲が暗く立ち込めた空がありありと見えていた。もちろんその時にパリなんて行ってないし、写真で見たわけではないのにその音楽を聴くと見えていたんですよ。ドビュッシーがその森をゆっくりと散策して、空を見上げて、そして、遠くのパリの中心部の喧騒《けんそう》が微《かす》かに聞こえてきて……、そんな感覚までちゃんと味わえていたんです。そして、何十年後にその場所に立って、「あ、ここだ」って実際にその感覚を味わった。多分、実際に行って、得たその場の感覚よりも、想像していた感覚のほうが、ドビュッシーの感覚に近いかもしれないと思っている。音楽を聴く力にはそういう疑似体験をする力は絶対にありますね。（冊子『設置音楽』２０１７年4月）

こんせるゔぁとわーる【コンセルヴァトワール】

〈一般的語彙〉フランス共和国における文化遺産、自然遺産を劣化から防ぎ、管理、推進することを目的とした組織。パリ国立音楽・舞踊学校など。

〈龍一的語彙〉三善晃の自宅での授業で聞いた「形というものは色がないと認識できないんだよ」という言葉は坂本龍一の心に深く刻み込まれた。

〈語録〉高校生の時、すでにもうパリのコンセルヴァトワール風の音楽を好きになっていた。ああいう端正な規律によって成り立つ音楽が好きだったのだけど、同時にそれとは真逆のジョン・ケージ、テリー・ライリー、スティーヴ・ライヒのアメリカ的な現代音楽も好きだった。そういえば、戦前の東京藝大は、ほぼドイツ音楽一色だったんだけれど、戦後は池内友次郎《いけのうちともじろう》のようにパリのコンセルヴァトワールに行ったフランス音楽の人も出てきて、フランス派もできた。僕はもちろんフランス派なのだけれど、なぜかドイツ派のほうに連れていかれちゃった。僕の頃はフランス派全盛でドイツ派はちょっと日陰の存在。僕も、当時の藝大のフランス派の代表である三善晃さんが好きで授業に押しかけたりもしました。（坂本龍一×藤倉大《ふじくらだい》対談２０１１年12月　未発表）

はいきょ【廃墟】

〈一般的語彙〉建物などで、崩れたり、荒れ果ててしまったりしたあと。

〈龍一的語彙〉映画『Ryuichi Sakamoto: CODA』に廃墟の音をフィールド・レコーディングするシーンが登場する。

〈語録〉昔から自分の庭の音はよく録《と》っているんですよ。ちょっと雨が降ったり、鳥が来ると録りたくなるし。近くで工事が始まると「いい音してるかな？」ってそれも録りたくなるし。ただ自分の住んでいる範囲で録ることのできる音って限りがあって、だいたい録り尽くしている感じ。だから、ニューヨークから車で2時間ぐらいのところにある友達の家に泊まりに行って、マンハッタンとは全く環境の違う自然の中の音を録りに行きました。林の中を歩いて行って、廃墟を見つけて、その中で音を録ったりして。廃墟はいい音がするんですよね。だから、僕、廃墟フェチなんですよ（笑）。

（冊子『設置音楽』２０１７年４月）

ちていこ【地底湖】

〈一般的語彙〉地底に広く水のたまっているところ。

〈龍一的語彙〉坂本龍一の近年のライフワークである『ｓｃｈｏｌａ』もまた、地底湖の豊かさを人々と共有していきたいという思いから制作している。学習によるもの、無意識に刷り込まれ伝承されているものなど、人の作る文化には広大な背景と文脈があり、その地底湖の存在自体を知らせていきたいという意志がある。

〈語録〉音楽なんていつの時代も急になんの背景もなしに新しい表現が出てくるなんていうことはあまりない。その音楽の背後にはそれまで存在していた様々な音楽が存在しています。地下に巨大な湖、いわば地底湖があって、そこからこんこんと水が湧いてくるようなイメージかな。太古からの音楽の歴史を蓄積した雄大な地底湖が僕たちの足下に広がっている。（『ミュージック・マガジン』２０１６年2月号）

七　政治

かんていまえでびゅー【官邸前デビュー】

〈一般的語彙〉２０１２年以降、首相官邸前で行われている脱原発、原発再稼働反対の抗議運動へ初めて参加する行為を表した言葉。（角川必携国語辞典）

〈龍一的語彙〉２０１１年の東日本大震災における東京電力福島第一原子力発電所の事故による大きな被害を受けて、２０１２年から東京都千代田《ちよだ》区の首相官邸前で行われるようになった抗議活動が、いわゆる「官邸前抗議」。首都圏反原発連合が主催するこの抗議活動は回を重ねるにつれ規模が拡大し、参加者も増えた。抗議場所も官邸前のみならず国会議事堂正門前を含むエリアに拡がっていき、一般人から著名人、学識者まで多種多様な人々によるスピーチのコーナーも設立された。このような中、官邸前を含む周辺での抗議活動に初めて参加すること、あるいはスピーチ・コーナーで意見を述べることが、「官邸前デビュー」と称されるようになった。坂本龍一は２０１２年7月6日にスピーチと抗議参加で「官邸前デビュー」を果たした。

〈語録〉ニューヨークでずっと官邸前抗議のことには注目していました。ニューヨーク

にいるけど、心は官邸前の人々と一緒にいるという気持ちで、ようやくこの日に官邸前デビューできたんです。この時は、震災後にすべて停止していた日本の原発の中で福井県の大飯《おおい》原発の再稼働が決定された直後でした。とてもショックな出来事ではあったんですが、それでも僕たちは声を上げなきゃいけない。どうせ何を言っても国には届かないんだなんて悲観するのではなく、原発廃止なんていうのは長い闘いになるのですから、一基の原発の再稼働に一喜一憂するのではなく、これからも声を上げていきましょうということをスピーチで話しました。気落ちして、また声を上げない日本人に戻っちゃいけないという気持ちです。この40〜50年の日本人は何があっても政治に対して声を上げない国民になっていたけど、今はみんなこうして大きく声を出している。後戻りしないでがんばりましょうと伝えたかった。

（映画『Ryuichi Sakamoto: CODA』のためのインタビュー　２０１２年）

せんきょかつどう【選挙活動】

〈一般的語彙〉選挙に当選するために演説・勧誘・宣伝などを行うこと。

〈龍一的語彙〉２０１１年、坂本龍一は全国統一地方知事選挙に向けて「候補者のエネルギー政策を知りたい有権者の会」を立ち上げて各地の知事候補者に自然エネルギーや原子力発電所に対する考えを訊《き》き、ネット上で公開するという選挙に関連する活動を行っていた。そんな政治的な活動に対して、一部メディアで「坂本龍一がＹＭＯ新党を立ち上げ」という半ばジョーク的な記事があった。２０１２～２０１３年にも坂本龍一が都知事選に立候補するといった憶測記事が掲載されたことも。

〈語録〉最近、選挙活動で忙しいんでね。（『Cut』２０１３年１月号）

ぱぶりっく・こめんと【パブリック・コメント】

〈一般的語彙〉意見公募手続き。公共的な発言の意も。

〈龍一的語彙〉坂本龍一は、これまでにいくつものパブリック・コメントを促す発信をしているほか、自分でも実際に書いて投稿している。

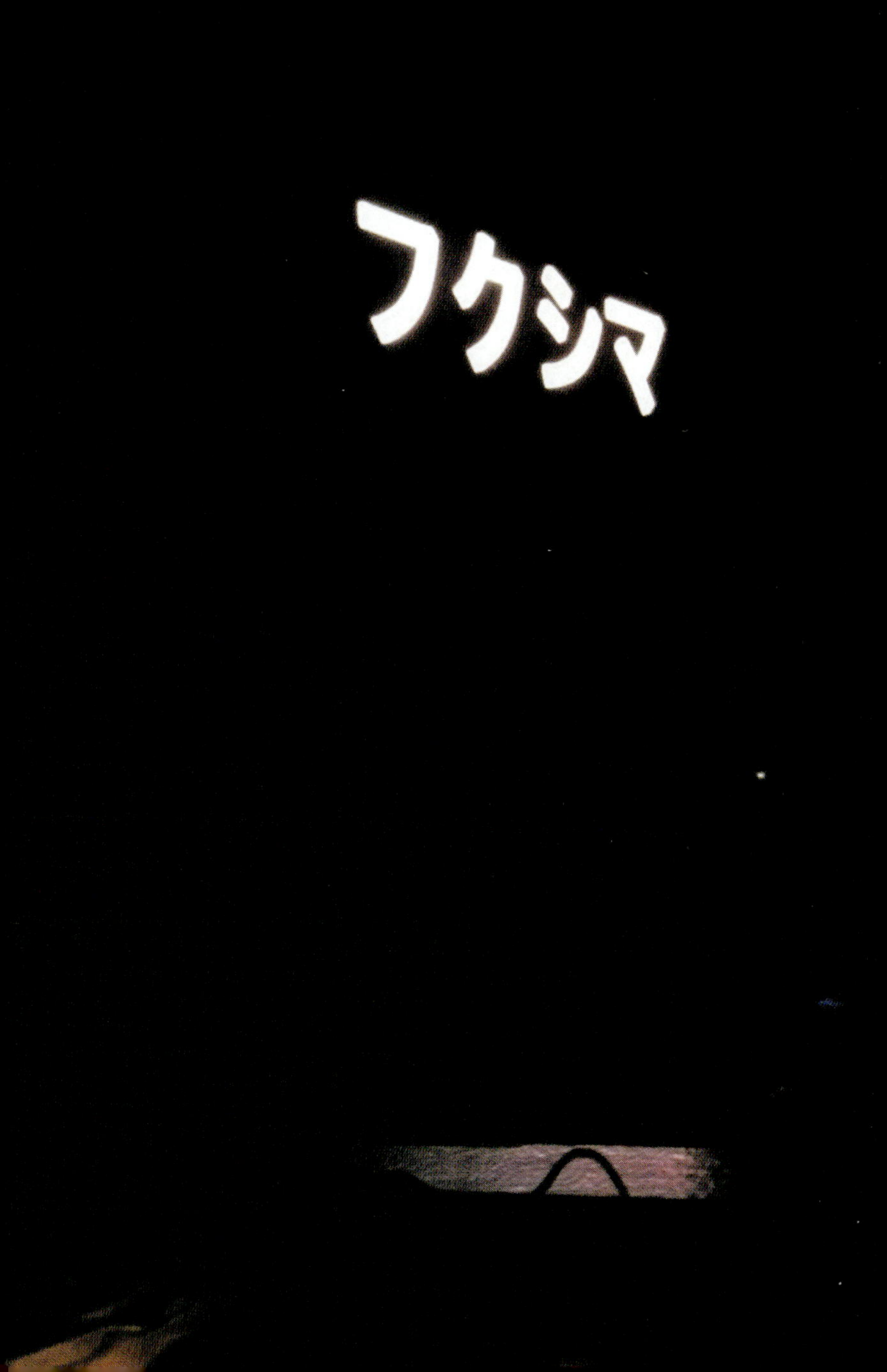
フクシマ

〈語録〉政府は国民に気付かれないようにしているのか、と思うほど静かに公募をしている。とても重要な政策が、パブリック・コメントで決められていることに気付いてほしい。（『東京新聞』2012年7月14日）

あんぽほうせい【安保法制】

〈一般的語彙〉2015年、集団的自衛権の行使を可能にすることや自衛隊の海外赴任の範囲を広げることなどを柱とする安全保障関連法案は参院本会議で自民・公明両党などの賛成多数で可決、成立した。法案をめぐり、衆院憲法審査会で参考人として呼ばれた憲法学者が違憲と指摘。全国各地で反対の声が上がり、国会議事堂周辺などでは大規模デモが行われた。

〈龍一的語彙〉坂本龍一は、2013年に『特定秘密保護法案に反対する音楽・美術・演劇・映像・出版など表現に関わる人の会』を立ち上げたほか、共謀罪、安保法制といった一連の新法に強く反対している。

〈語録〉民意が反映されない民主主義というか疑似民主主義がこのところ目立っていますよね。政府寄りと言われる新聞まで安保法制に反対という民意の方が大きいのに採決を強行してしまった。完全に民意と国会や政府がねじれて反映されていないという状態です。（『沖縄タイムス』２０１５年11月24日）

せんかくしょとうもんだい【尖閣諸島問題】

〈一般的語彙〉日本が自国領土として実効支配する尖閣諸島について、１９７１年から台湾《たいわん》と中国が領有権を主張していることに関する日本と台湾及び中国との間の外交問題。

〈龍一的語彙〉ローマ帝国にしてもナチスにしても、国民を一つの方向に向けるために有効に使われてきたのがナショナリズムの問題だと坂本龍一は指摘。日本と中国との関係の中で、２０１２年に問題が両国でクローズアップされた背景には何があったのか。

〈語録〉ナショナリズムの問題というのは人々のエモーションに大きく働き掛けるわけで、権力から見ると、一番手っ取り早い方法。韓国との間にも同様の問題が持ち上がっていますが、東日本大震災と福島第一原発事故からの復興から、急にきな臭い問題に人々の関心が移っていってしまいました。

（映画『Ryuichi Sakamoto: CODA』のためのインタビュー　２０１３年）

りょうどもんだい【領土問題】

〈一般的語彙〉ある地域がどの国家の領域に属するかをめぐって、国家間あるいは多国間での争いが起こる問題である。

〈龍一的語彙〉坂本龍一は、領土問題をナショナリズムの高揚のための道具にするのは愚かしいと考えている。

〈語録〉ヨーロッパは地続きですから、国境問題や領土問題のごたごたがまだ少し残っていています。他人事《ひとごと》として見ると滑稽《こっけい》だなと思いますけれど、本人同士は喧々諤々《けんけんがくがく》やっているでしょう。今の日本の領土問題も１００年、２００年後の未来の人から見れば、滑稽に見えないとも限らない。だけど、１００年、２００年後も同じような問題が続いているのかもしれない。人間というのはそんなに簡単に進化しないですから、いつまでもこんなことをやってるのかなという気もします。（『週刊金曜日』２０１３年2月8日号　鈴木《すずき》邦男《くにお》対談）

じゃぱん・ばっしんぐ【ジャパン・バッシング】

〈一般的語彙〉欧米諸国が日本を経済面・政治面で不当に攻撃すること。１９８０年代、日本の経済大国化を背景にアメリカが双子の赤字に苦しみ、とくに対日貿易赤字が問題視された。その原因を日本の保護貿易主義にあるとして、当時日本に対して行われた様々な批判、圧力をこう名づけた。

〈龍一的語彙〉ＹＭＯの最初のワールド・ツアーにおいても、イギリスやフランスのメディアに、バンド名と絡めて「黄禍」と表現されたりするなど、揶揄《やゆ》も含めてジャパン・バッシング的な論調で報じられることもあった。

〈語録〉あの頃は、デトロイトでは自動車工たちが日本の車をたたき壊すデモンストレーションをする映像がニュースで流れてもいました。ＹＭＯの直前には山本耀司さんや川久保玲《かわくぼれい》さんなど日本のファッション・デザイナーが衝撃的に世界にデビューしていった。そこに今度は音楽だ、それがYMOだというような風潮が国内外にあったと思います。それは、僕にとって本当につらいことだった。

（映画『Ryuichi Sakamoto: CODA』のためのインタビュー　２０１４年）

あうたー・なしょなる【アウター・ナショナル】

〈一般的語彙〉国外的。国家の外側にあること。

〈龍一的語彙〉現在、ニューヨークに住んではいても、アメリカに所属している気持ちはまったくない。ソロ・アルバム『BEAUTY』（１９８９年）を制作した頃はもっと過激に「アウター・ナショナル」という言葉でどこかへの帰属への拒否感を表現していた。

〈語録〉世界が一緒になりましょう、仲良く手をつなぎましょうという時に「インターナショナル」っていう言葉を使うでしょ。いや、それはナンセンスだ、僕はむしろ「アウター・ナショナル」でいたいという気持ちが一時はあった。

（映画『Ryuichi Sakamoto: CODA』のためのインタビュー　２０１４年）

せんしんこく【先進国】

〈一般的語彙〉進歩の度合いが他の国より先に進んでいる国。

〈龍一的語彙〉田中正造の「真の文明ハ山を荒さず、川を荒さず、村を破らず、人を殺さゞるべし」という言葉は坂本龍一が大きな感銘を受けたもの。本当の先進国は文明国であるべきという思いは強い。

〈語録〉日本は先進国のなかでは2番目に森の多い国だそうです。この日本列島に住み始めた私たちの先祖は、森の恵みによって生かされてきました。自然をただの資源として収奪するのでなく、それを破壊せずに、しかも自分たちだけでなく多様な生物種が共存できるように、上手にデザインしてきました。里山がよい例です。

（『サムライ』　２０１２年３月）

八

歴史

かんとうぐん【関東軍】

〈一般的語彙〉1919年から、1945年まで満州《まんしゅう》（中国東北部）に配備された日本陸軍部隊。中国侵略の中核部隊。前身は日露戦争後設置された関東都督府（都督は陸軍大・中将）が管轄した関東州・南満州鉄道の守備隊。関東軍は張鼓峰《ちょうこほう》事件（1938年）以後、対ソ戦を試みたが、ノモンハン事件で大打撃をうけた。対米英戦後は兵力を南方に転用され、ソ連《れん》の対日参戦（1945年）で壊滅した。

〈龍一的語彙〉坂本龍一が映画『ラストエンペラー』で関東軍にも強い影響力を持っていた軍人・甘粕正彦《あまかすまさひこ》の役を演じることを知った父は、複雑な表情だったと伝わっている。

〈語録〉父が召集された先は満州の関東軍。召集されてすぐに終戦になり、関東軍は民間人を置いていち早く満州から逃げてしまったので、戦闘経験はないそうです。人を殺さなくてよかったんじゃないかな。後に僕が『ラストエンペラー』の撮影で元満州の大《だい》連《れん》や長春《ちょうしゅん》に行って、そこから電話をした時は、「そこは寒いから気をつけろ」と言っていました。なんでも関東軍にいた頃に零下40度ぐらいの寒さの中で歩哨《ほしょう》に立っていたこ

ともあると。あまりの寒さに足先が凍傷にかかって、その治療のために軍医に麻酔なしで足の爪をはがされ、死ぬほど痛かったとも聞きました。

（映画『Ryuichi Sakamoto: CODA』のためのインタビューより　２０１６年）

たなかしょうぞう【田中正造】

〈一般的語彙〉政治家・社会運動家・思想家。１８４１年栃木県生まれ。17歳で名主に選ばれ、主家六角《ろっかく》家改革問題に奔走して投獄。江刺《えさし》県（岩手県）の下級官吏時代にも上役暗殺の嫌疑で投獄されるなど、波乱の前半生を送る。１８７４（明治７）年、釈放後、自由民権運動に挺身《ていしん》し、立憲改進党の一大勢力をきずく。足尾《あしお》鉱毒事件を中心に政府の不正を鋭く追及した。１９１３年死去。（角川必携国語辞典）

〈龍一的語彙〉２０１１年に刊行された『いまだから読みたい本―３・11後の日本』（坂本龍一＋編纂チーム選）の前書きの中で、坂本龍一は田中正造の次の言葉を参照している。「真の文明ハ山を荒さず、川を荒さず、村を破らず、人を殺さゞるべし」（明治45年の日記より）

〈語録〉足尾銅山の鉱毒事件で、国会議員だった田中正造はその被害救済を訴えるために、明治天皇の乗る馬車の前に身を投じて直訴をした。こういった非暴力かつ直接的な行動を起こした政治家って、田中正造以来あまりいなかったけど、最近は国会前の抗議などに野党の政治家もどんどん来る。ちょっとは希望が持てるのかな。

（映画『Ryuichi Sakamoto: CODA』のためのインタビュー　２０１３年）

げんしばくだん【原子爆弾】

〈一般的語彙〉ウランやプルトニウムなどの原子核が分裂する時のエネルギーを利用した爆弾。ふつうの爆弾の数百万倍の破壊力がある。原爆。第２次世界大戦末、１９４５年８月６日に広島、８月９日に長崎に投下された。（角川必携国語辞典）

〈龍一的語彙〉核兵器を保有する、保有を望む国のトップに立つ政治家は広島と長崎の原爆の被災地を訪れ、資料館に来ることを義務づけるべきというのが坂本龍一の持論。

〈語録〉原爆の被害の本当の怖さ、凄《すご》さというのは映像や写真を見ても伝わらないという気がします。被害を受けた当事者の生《なま》の証言を聴き、想像力で補っても、まだ足りないと思う。原爆という核の負の力が、日本に原子力発電が導入される時に、これで核を正の力に変えることができるという期待や希望もあったのでしょう。負の力のすさまじさを目の当たりにすればするほど、その強大な力が正となった時の恩恵に期待する。結局はその期待も幻想だったわけで、核はどこまでいっても負の力でした。

（映画『Ryuichi Sakamoto: CODA』のためのインタビュー　２０１３年）

じゃすみんかくめい【ジャスミン革命】

〈一般的語彙〉２０１０年から２０１１年にかけてチュニジアで発生した民主化運動。政権、警察に抗議して青年が焼身自殺した事件をきっかけとしてチュニジア全土に反政府デモが拡がり、23年間続いたアリー（ベンアリ）政権が崩壊。アリー（ベンアリ）大統領はサウジアラビアに亡命した。チュニジアで起こったジャスミン革命とその後に続いたエジプトなどの民主化運動は「アラブの春」とも呼ばれる。

——なぜ、今日、官邸前に行こうと思われたんですか。

前から行きたかったんだけど、ニューヨークにいて行けなかったから。体はニューヨークだったけど、心はみんなと一緒にいた。やっと行けるという感じで。原発再稼働の報道がされていますけど、それでみんなが意気消沈しちゃって、盛り下がってしまうと残念ですけど、どうもそうでもないみたいなんで。結局、僕たちが何を言ってもその上には声が届かないんだっていうふうになって、また声を上げない日本人になってしまうとね。40年くらい静かだったわけですから、それに戻っちゃうとまたつまんないなって思って。それもあっての今日、再稼働以降初めての首相官邸前ですから。とても大事な日ですよね。

——日本を離れている間に感じていた日本の雰囲気と実際の日本の雰囲気は違いますか?

興味深いのは、普通はこういう大事故があると、事故に近い場所で反対運動が盛り上がって、遠ざかって行くと静かになっていくものだと思うんです。しかし、今回の場合は反対でどんどん団体が一緒になって、その後数カ月経っても、どんどん盛り上がっていく。きっと前例がないですね。面白いなと思って。それだけ時間と共に情報が拡散して、多くの国民がいろいろなことを学んで、知って、だから、一時的な記憶で忘れてしまうのではなくて。より真実が明らかになってきて、多くの人が呆《あき》れているっていうかな。政府や官僚のやっていることを真剣に怒り出したっていう感じですよね。

——今までのメディアとインターネットなどの新しいメディアとの違いもあるんでしょうね。

インターネットがなかったら、テレビやラジオ、新聞などで事故が取り扱われるけど、スウッと消えてしまいますよね。事故自体が収束してない。事故はまだ続いていますからね。毎日、線量も違っているし、(福島第一原子力発電所の) 4号機の状態だって非常に不安定だし。何が起こっているのか、素人でも見当は付きますよね。今や世界で一番、放射線に詳しい国民だと思いますよ、日本人はね。ただ、福島とか原発事故のドキュメンタリーを若い人達がたくさん作っているんだけど、公開が難しかったり、もう観たくないみたいな雰囲気が多いらしいんです。それって結局、15万人、16万人いる、福島の原発事故のせいで避難している人たちへの関心も閉ざしてしまうということに繋《つな》がる。怖いなと思います。結局、個人個人の力では解決しようがないという面もあるし、自分がどう考えても動いても状況が良くならないと、頭の良い人ほどそういう風に思ってしまう。

——欧米の人たちの方が個人の力を信じているというか、そういう伝統はありますよね。

ありますよね。何がその違いを生むのか。ひとつは宗教の違いっていうのかな。結局、キリスト教って、大勢を支配した歴史もありますけど、やはり個人個人の心の問題、個と神の問題という部分もあるでしょ。それが日本にはないというか、少ないというか。個の信仰とか個の意思の力を信じている欧米人には政治や社会的な問題も個人の信念を割と尊重する風土があるのかなと僕は思いますけどね。

——自然との関係性でいうと日本のようなアニミズム的思考がある国の方が調和が取れる気がします。サイコセラピーの世界だと仏教理念を取り入れる人たちもいます。東洋的な小さな自分に対する憧《あこが》れはここ10年、20年で随分出て来たような気がします。

60年代のヒッピー、その前のビートニクスくらいから、(ジャック・)ケルアックは仏教徒でしたし、ジョン・ケージも禅にとても詳しかった。(リヒャルト・)ワグナーはヨーロッパ的なゲルマン神話に基づいたオペラをたくさん作った人ですけど、実は仏教に興味を持っていて、随分と勉強しているんです。(フリードリヒ・)ニーチェもそう。だから、その流れは19世紀から始まっていたんです。それがどんどん一般の人に拡大していくのが、20世紀中頃ですよね。時間はかかりますよね。そういうことって、ゆっくり進んでいきますからね。(映画『Ryuichi Sakamoto: CODA』のためのインタビュー 2012年7月6日)

〈**龍一的語彙**〉親しいラッパーのShing02から、ジャスミン革命の中にあるエジプトの若者が自由を求めるラップを行う動画を紹介され、坂本龍一は感動した。また、その初期にはTwitterやFacebookを利用した若者たちのネットワークによって、坂本龍一には非暴力の革命が起こるように見え、希望を覚えた。

〈語録〉昨年（2011年）は春からジャスミン革命や、エジプトのTwitterやFacebookなどのITを駆使した、非暴力の革命が起こった。その余波が今も中東で続いているわけです。あとは、福島の事故を受け、事故のなかったドイツで、アッと言う間に数十万人規模のデモが起き、脱原発を決めちゃったりですね。それに比べ日本は、当事国なのにちょっと元気がないというか。（『THE FUTURE TIMES』2012年第2号）

あふがんせんそう【アフガン戦争】

〈**一般的語彙**〉アフガニスタンとインド防衛のためにアフガニスタンへの介入をはかるイギリスとの間の3次にわたる戦争のイギリス側の総称。第1次戦争（1838-42）では、イギリスは新興のバーラクザイ朝のドースト・ムハンマドに対抗して、ドゥッラーニー朝残存勢力を擁したが、惨敗。第2次戦争（1878－80）は親露的なシェール・アリーに対してイギリスが干渉し、和解してこれを保護国化した。第1次大戦後のイギリスの疲弊に乗じたアマーヌッラー・ハーンによる第3次戦争（1919）の結果、アフガニスタンは完全独立を達成した。（角川世界史辞典）なお、ここでいうアフガン戦争は、2001年9月11日のアメリカ同時多発テロを受けて、同年、アメリカのジョージ・W・ブッシュ大統領が、アフガニスタンを攻撃した戦争のこと。首謀者とされるオサマ・ビンラディンをかくまっているとしてアフガニスタンを攻撃した。

〈龍一的語彙〉坂本龍一が出演していたリベラルな雰囲気のライヴ・ハウスでも、アフガン戦争を発端にした愛国ムードが高まり衝撃を受けたという。

〈語録〉ニューヨークのダウンタウンなんて、カリフォルニアのバークリーやサンフランシスコと並んで全米でもっとも多様性のあるリベラルな街なのに、9・11後に突入したアフガン戦争の時は空気がまったく変わってしまった。いつ自分の街でテロが起こるかわからないという恐怖感で、ニューヨークのリベラルな人たちがあっという間にナショナリストに豹変《ひょうへん》して、みんな戦争を支持するようになった。普段、付き合いのある音楽やアート関係者もそう。9・11の前までは「No War」を標語にしてエコロジカルでちょっとヒッピーっぽい生活していたような人がですよ。

（映画『Ryuichi Sakamoto: CODA』のためのインタビュー　2014年）

いろこいれんぽう【イロコイ連邦】

〈一般的語彙〉北アメリカのニューヨーク州北部のオンタリオ湖南岸とカナダにまたがった地域に保留地を領有している6つのインディアン部族により構成された、部族国家集団をいう。

〈龍一的語彙〉2011年に刊行された『いまだから読みたい本――3・11後の日本』（坂本龍一＋編纂チーム選）には、菅啓次郎《すがけいじろう》・小池桂一《こいけけいいち》著の『野生哲学――アメリカ・インディアンに学ぶ』中のイロコイ族の「7世代の掟《おきて》」に言及した文章が掲載されている。

〈語録〉イロコイの人たちの言い伝えで、大事なことを決める時は7世代先のことまで考えて決めるという有名なものがあります。自分と子、孫の世代だけじゃなく、タイムスパンがとても長い。美化するつもりはまったくないけれど、日本の江戸時代の封建制の家も、ご先祖から子孫まで連綿と続く〝家〟を考えることが行動の規範になっていた。それが今の社会ではまったく失われています。

(映画『Ryuichi Sakamoto: CODA』のためのインタビュー　２０１３年)

なちす【ナチス】

〈一般的語彙〉略称はＮＳＤＡＰ。ドイツの政党。１９１９年1月ミュンヘンに生まれたドイツ労働者党が翌年、25カ条綱領を発表し、民族(国民)社会主義ドイツ労働者党と改名した。１９１９年9月に入党したヒトラーがその間に影響力を増し、１９２１年党首となった。１９３２年7月の選挙で第1党となり、１９３３年1月政権を掌握、以後、唯一の政党としてナチ・ドイツ国家機構のなかで猛威をふるった。ドイツ敗北後の１９４５年10月、連合国によって党および所属関連組織すべて解散、禁止された。

〈龍一的語彙〉２００９年に刊行された自伝『音楽は自由にする』(新潮社)のタイトルは、ナチスによるアウシュビッツ収容所の門に掲げられた「労働は(収容者を)自由にする」という欺瞞《ぎまん》の標語から発想を得たものだった。

〈語録〉副総理（当時）が「ナチスに学べ」と言ったらしいですけども、ナチスがやったことと非常に似ていることが今起きていて、ナチスが全権を取るまでに非常に短期間で、1年以内にやっている。私は非常に大きな危機感を持っています。

（『沖縄タイムス』 2015年11月24日）

九

社会

かんりしゃかい【管理社会】

〈一般的語彙〉人間が組織に組み込まれて、機械的に操作・管理される社会。マスコミや、コンピューターなどの発達により、情報だけをもとに非人間的な管理が行われ、人間の自由が失われることを危ぶんだとらえかた。

〈龍一的語彙〉坂本龍一は若い頃から管理されることが嫌いで、車が通っていない道で歩行者が赤信号を守ることなどを本当に馬鹿馬鹿しいことと考えていた。

〈語録〉**僕が世界のあちこちに行って思うのは、管理社会の圧力が世界的に高まっているということ。極端に言えば、路上にごみひとつ落ちているのも許さないような、社会にモノ申す者を排除する力が強まっている。**（『ビッグイシュー日本版』２０１４年４月１日号）

しゃかいてきせきにん【社会的責任】

〈一般的語彙〉国の市民としての組織や個人は、社会において望ましい組織や個人として行動すべきであるという責任的な考え方。

〈龍一的語彙〉１９８０年代には、アフリカ飢餓救済のために英米のアーティストが集まったチャリティ活動に、自分には意味が感じられないという発言をしていた。１９９０年代に入るまでその姿勢は変わらなかった。

〈語録〉誰でも社会性というものは持っていると思うんだよね。たくさん持っている人もいれば、少ない人もいる。だから、誰でも社会的責任というものはあるはずなんだよね。当然、「僕には関係ない」と言って、そこから遠ざかるのも選択肢だし、それを最大限利用するというのも選択肢だと思う。それは個人の選択なんだけどね。みんな、持っているのは持っているんだよ。社会との接点として。それをどう行使するかということで。僕は90年代にその選択肢を変えたんだよね。90年代より前はそんなのはマイナスでしかないと思っていた。例えば、公共の場に行くのもコソコソしないといけないとかね。でも、考え方を少し変えたことによって、そんなことは全く苦にならなくなりましたよ。（冊子『設置音楽』２０１７年４月）

きんゆう【金融】

〈一般的語彙〉金を貸したり、借りたりすること。資金の需要と供給との関係。

〈龍一的語彙〉坂本龍一は、選書集『いまだから読みたい本―3・11後の日本』(2011年)で、ミヒャエル・エンデ作の『モモ』を今の文明の成り立ちの理由の一端に「お金」があり、「お金」が時間と技術の進化の背中を押すという文明のありように警鐘を鳴らす作品と紹介している。

〈語録〉絵だって音楽だって、お金と言う版画のために作っている人がほとんどじゃないですか。それが究極の目的になってるから、人間はものすごく不思議な動物。しかもかつて貨幣は金《きん》との兌換《だかん》価値の約束手形だったのが、地球上のすべての金よりも額の多い手形が刷られて世界中を流通している。今はコンピューター上のデータになって、仮想空間上を飛び回ってる。ニューヨークに暮らしていて思うんだけど、かつての面白いエネルギーが失われて、金融とモダンアートの街になっちゃったんです。でも、お金は版画であり、究極のアートなんだから、モダンアートと金融が相性がいいのは当たり前なんだと。お金をめぐる世界中の狂乱はそれ自体がアート的ともいえる。

（『新潮』２０１１年1月号　大竹伸朗《おおたけしんろう》対談）

ゆうめいぜい【有名税】

〈一般的語彙〉有名人であるために、好奇の目で見られて苦痛を受けたりする、ネガティブな評判や出来事を税金にたとえていう語。

〈龍一的語彙〉１９８０年、ＹＭＯの大ブレイクによって24時間注目されるような状態になり、一時的に街中に出ることができなくなってしまったこともある。また、私生活をマスコミに書き立てられるようにもなった。

〈語録〉１９９０年代ぐらいから環境問題にコンシャスになるようになってから、あるいは最近の原発の問題、政治の状況とかを考えると自分の社会性みたいなものは利用しないといけないなあと思い始めた。有名税だけ払って、自分が利用しないのはバランスが取れないので、「それは活用させていただきますよ」と誰に許可を取るわけではないんだけど（笑）、90年代からそういう気持ちにはなっていきましたよ。

（冊子『設置音楽』　２０１７年４月）

ごいけんばん【ご意見番】

〈一般的語彙〉豊かな知識と経験を持ち、目上の人に対しても忌憚《きたん》なく、忠告し自分の意見を述べる人。現代では様々な分野において重大な出来事や事件が起こった時に、発言がニュースとしてとりあげられたりする大物のことも言う。

〈龍一的語彙〉21世紀に入り、一言居士《いちげんこじ》が世界中から少なくなっているのではないかという疑問を坂本龍一は持っている。

〈語録〉文化人でもそうだし、政治家もそう。昔は誰かがうっかりしたバカなことを言うと叱りつける大人がたくさんいた。日本では江藤淳《えとうじゅん》とか吉本隆明《よしもとたかあき》、大島渚、小林秀雄《こばやしひでお》など。海外でもフランスだったらサルトルやデリダ、フーコー、ドゥルーズ。社会に大きな影響を与える、倫理的な指針を明確に示せる人が減っているように見える。もちろん、僕が知らないだけで、若い世代や、あるいは欧米以外のインドや中国にいるのかもしれないけれど。いてほしいな。（映画『Ryuichi Sakamoto: CODA』のためのインタビュー　２０１３年）

十

イデオロギー

あいこく【愛国】

〈一般的語彙〉自分の国を愛すること。しばしば、政治的な思想の用語として使われることがある。

〈龍一的語彙〉坂本龍一にとって、いわゆる戦後文学に触れたことが愛国心というものを考えさせられるきっかけにもなっている。寺山修司《てらやましゅうじ》が終戦の時に詠んだ短歌にあらわれている敗北感や喪失感にも考えさせられたという。

〈語録〉愛国って言う時、昔はよくドイツ語の「ゲゼルシャフト」「ゲマインシャフト」の違いってことがよく言われました。私は、この列島の風土と、そこに暮らしてきた列島人、主に庶民が作り出してきた文化に対して、とても慈しむ感情があるんです。「君が代」や「日の丸」は象徴としての一つの制度ですよね。これらの制度と愛国とは、違うものだと僕は思う。（『週刊金曜日』２０１３年２月８日号　鈴木邦男対談）

うよく【右翼】

〈一般的語彙〉非常に保守的な、または国粋主義的なものの考えかたをする立場。また、その人。

〈龍一的語彙〉三島由紀夫が自決した時、居ても立ってもいられず所轄警察署に三島の遺体と対面させろと押しかけたことがあるが、たまたま坊主頭だったので警察からは右翼学生が来たと勘違いされて丁重な扱いを受けたことがある。また、3・11以降、政治や国情に関する話をしている時に、坂本龍一は時折「あれ、僕、今、右翼のようなことを言っていない？」と首をかしげることもある。

〈語録〉3・11以降、ずっと思ってるのが、真に日本を愛しているならば、本当の右翼ならば、国土を汚し、国の未来である子どもたちの健康を脅かす原発を認めることはできないはずだということです。（『週刊金曜日』２０１３年2月8日号　鈴木邦男対談）

きみがよ【君が代】

〈一般的語彙〉天皇の治世を祝う歌曲。現在の旋律は林広守《はやしひろもり》が作曲し、ドイツ人教師エッケルトが軍楽隊用に編曲したという。1880（明治13）年、宮中で初演、1893年、小学校の儀式用唱歌となり、事実上の国歌となった。第2次世界大戦後、新憲法下では国歌ではなかったが、1958（昭和33）年、文部省は小・中学校でこれを歌うことが望ましいとし、1977（昭和52）年、学習指導要領で国歌と明記した。

〈龍一的語彙〉1970年代の半ば、坂本龍一は仲間とともにライヴ・ハウスで「君が代」を解体するパフォーマンスをすると予告したところ、ライヴ・ハウスに警察から内容の問い合わせがあった。

〈語録〉今の「君が代」はずいぶん中途半端なものになっていて、旋律は確かに日本的な部分はありますけれども、そこに風変わりな和音がついています。エッケルトというドイツ人がつけたそうですが、非常に折衷的なんです。はじまりは、単旋律ですけど、途中から和音がついてきます。ティ〜ラ〜ラ〜ララ（「千代に」の箇所）ってところですね。最後はまた単旋律に戻る。たぶんエッケルトが日本的な雰囲気を出そうとしてやったのでしょう。「愛国」と言うんだったら、「そんな西洋流のハーモニーをつけやがって許せん！」というくらいの愛国者がいないものかと思いますけれども。
（『週刊金曜日』2013年2月8日号　鈴木邦男対談）

ふばいうんどう【不買運動】

〈一般的語彙〉抗議の意思などを示すために、特定の品物を買わないようにする、消費者が結束して行う運動の一形態。日本ではこれまでに成功してきた例として、カラーテレビの二重価格に対し、消費者の不買により企業側が価格の是正を行ったことが有名である。

〈龍一的語彙〉坂本龍一のiPhoneには不買運動の参考のためのアプリ「buycott」がインストールされており、商品や企業に関して気になる点を見つけた時は、まずそのアプリで調査をする。

〈語録〉福島の原発事故後、企業は自家発電を増やしている。個人がソーラーパネルや、家庭用風力発電を導入することは、一種の不買運動になる。僕はニューヨークで風力発

電の電気を購入している。みなが、原発以外から電気を買えば、原発はなくなる。（『東京新聞』２０１２年7月14日）

ねおきんだいしゅぎ【ネオ近代主義】

〈一般的語彙〉近代化に関して、近代市民社会の原理を制度上のみならず人間変革も含めて確立しようとする主張、思想的立場。

〈龍一的語彙〉坂本龍一は、例えば、ＩＴ系の大富豪が「これなら安全」という新型の原発や核技術を開発すると表明したら、多くの市井の人はそれならば原発でもいいだろうと認めてしまうのではないかという危惧《きぐ》を持っている。

〈語録〉既得権益の恩恵を受ける人たちや、今の考え方に沿って生活や仕事をしている人たちは、ちょっとしたバージョンアップでこのままの生き方を続けられるなら、そっちのほうがいいという気持ちになりやすいですよね。（『ＳＩＧＨＴ』２０１７年65号）

でもくらしー【デモクラシー】

〈一般的語彙〉民主主義。民主政治。

〈龍一的語彙〉坂本龍一としては、最近の日本の政体は「民主主義＝デモクラシー」ではなく、「疑似民主主義」と呼べるようなものではないかと考えている。

〈語録〉「デモクラシー」の語源をたどれば「デモス」（民衆）の「クラシー」（政治を統べる）ということですから、本来なら「民衆が政治をやる」という意味なんですよ。ですが、1億人が寄ってたかってワーワー言っても収拾がつかないので代表制ということになっているわけです。それは現実的にそうせざるを得ないからというあくまでも仮の姿であって、民衆一人一人が自分の意見を述べることが本来の民主主義です。だから一人でも十人でも百人でも、意見があれば堂々と言うということは当たり前のことなんです。（『沖縄タイムス』　2015年11月24日）

十一
沖縄

へのこききん【辺野古基金】

〈一般的語彙〉辺野古新基地建設に反対し、建白書において要求されたオスプレイ配備の撤回、普天間《ふてんま》基地の閉鎖・撤去及び県内移設を断念させる運動の前進を図るために物心両面からの支援を行い、沖縄の未来を拓くことを目的とし、その目的を達成するための支援と活動。

〈龍一的語彙〉坂本龍一の２００４年の楽曲「undercooled」を、２０１５年に坂本龍一と縁の深い古謝《こじゃ》美佐子《みさこ》らの沖縄音楽グループのうないぐみが「弥勒世果報—undercooled」としてカヴァー（坂本龍一もアレンジ・演奏で参加）。シングルとして発売した同曲の売り上げは辺野古基金に寄付されることになった。「僕もうないぐみの皆さんもアメリカ軍基地の辺野古移設で沖縄の海と貴重な生態系が壊されることに反対です。この曲の売り上げはコストを除いた全額を辺野古基金に寄付します」と坂本龍一が声明を発表した。

〈語録〉僕が古謝さんに提案しました。僕は法律的なことは全くわからないですが、そ

の素人が見ても日本政府がやっていることは法に基づいておらずそれを無視したやり方だなと思います。逆に損害を被っている沖縄の方が、あくまでも冷静に法律に基づいて手続きを進めているのに、アメリカにしろ日本にしろ、大きな力を持っている側が凶暴なまでに法を無視して強行しているというのはとても理不尽なことだと思いますね。

（『沖縄タイムス』２０１５年11月24日）

うーあ【ＵＡ】

〈一般的語彙〉日本の女性ミュージシャン。１９７２年大阪府出身。ＵＡとはスワヒリ語で「花」という意味を持つ言葉。母方の故郷は奄美《あまみ》大島《おおしま》。存在感のある歌声と個性的なルックスで注目を集める。またＮＨＫ教育テレビにて歌うお姉さんとしてもレギュラー出演。現在は、都会を離れ、田舎で農的な暮らしを実践しており、環境問題や平和を願う活動にも力を入れている。代表曲は「情熱」、「悲しみジョニー」など。

〈龍一的語彙〉うないぐみの「弥勒世果報—undercooled」に参加したＵＡとは、「脱・原発」をテーマにしたイベント『ＮＯ ＮＵＫＥＳ』で、坂本龍一のピアノとＵＡの歌という組み合わせでのライヴ・セッションを行った。

〈語録〉UAさんは沖縄に何年か住んでいて独特の思い入れがあると思いましたので、何かトークを入れてほしいと思ったんです。お子さんの声まで入ったのはUAさんのアイデアで強いメッセージ、思い入れの強さを感じました。（『沖縄タイムス』２０１５年11月24日）

おきなわぶんか【沖縄文化】

〈一般的語彙〉日本本土から離れていることや、亜熱帯の気候が形成した沖縄県独自の文化。琉球《りゅうきゅう》文化とも呼ばれる。海外貿易で栄えた琉球王朝に源を持っており、日本古来の信仰や芸能が色濃くのこされている。また様々な季節祭がある。

〈龍一的語彙〉坂本龍一が土取利行《つちとりとしゆき》と組んで１９７６年に自主制作レーベルから出した即興音楽作品『Disappointment-Hateruma』は、沖縄県の八重山《やえやま》諸島にある波《は》照間《てるま》島に題を取っている。日本の本土の人（ヤマトンチュー）のものとは大きく異なる沖縄の人（ウチナンチュー）の文化に惹《ひ》かれていることをたびたび公言してきている。

〈語録〉同じ日本語を話して政治的には日本の一部ですけれども、文化的には全然違う。韓国や中国よりも日本に一番近いお隣の文化という意識を僕は持っています。大きいのは、日本は長く鎖国をしていましたが、沖縄は開いてました。さまざまな影響を受けるということは、沖縄が日本以上に世界性や国際性を持つということですから、音楽や踊りも外からの影響を元にユニークな文化ができたと思っています。

（『沖縄タイムス』２０１５年11月24日）

りゅうきゅうおんがく【琉球音楽】

〈一般的語彙〉琉球王国、沖縄県で生まれ、育てられてきた音楽文化。王宮で始まった琉球古典音楽と、沖縄民謡に分けられる。琉球古典音楽は限られた人のための音楽だったが、三線にのって人々の暮らしの中に溶け込み、現在も多くの人に歌われている。近年は民謡を土台にしたポップスやアメリカの影響を受けたロックなどが親しまれている。

〈龍一的語彙〉１９８７年のアルバム『ＮＥＯ ＧＥＯ』、１９８９年のアルバム『ＢＥＡＵ

TY』などで琉球民謡、音楽にも取り組んでいる。『NEO GEO』『BEAUTY』のワールド・ツアーでは、現在「うないぐみ」の一員として坂本龍一ともコラボレーションを行っている古謝美佐子ら、3名の唄者《うたしゃ》で構成される琉球音楽のコーラス隊「オキナワチャンズ」を同道させた。

〈語録〉僕が最初に沖縄の音楽や文化に興味を持ったのはもうずいぶん前になりますが18歳くらいでしょうか。それまで西洋音楽を勉強していたんですけども、その限界を強く感じて、他の所にも目を向け始めたころでした。世界には無数の素晴らしい民族音楽があり、沖縄やアイヌの音楽など、日本にも多様で素晴らしい音楽があるということに気が付きました。琉球音楽は日本列島の音楽とは大きく違うものですね。まず音階が大きく違います。琉球民謡で使う音階に近いものは、遠く何千キロも離れたインドネシアのバリ島にありますけど、世界的に見ても非常にユニークな音階ですね。

(『沖縄タイムス』2015年11月24日)

十二

環境

かんきょうもんだい【環境問題】

〈一般的語彙〉人類の活動の結果、周囲の環境の変化によって発生した問題であり、人への健康被害、地球の生態系の破壊が発生する危険性のある事柄。

〈龍一的語彙〉坂本龍一が環境問題に目を向けるようになったのは末子が生まれてから。1994年に自身のアルバムのCDパッケージをプラスティックのケースからエコロジカルで再生可能なものに切り替えた時には「坂本龍一がおかしくなった」というバッシングも受けるほど不評だった。

〈語録1〉18世紀の産業革命以降、エネルギーをどんどん使って経済を成長させようという動きが続いたわけですが、20世紀の終りぐらいから、こういう形での成長を続けていったら地球環境は持たないんじゃないか、地球は一つしかないのに、それをダメにしようとしているのではないかと気がつき始めた。しかし、大量生産や大量消費を前提にした社会から方向転換しなきゃいけないという認識が高まってきた21世紀の始まりには、戦争という究極の大量消費が起きてしまった。もちろん、地球や地球環境が持たないというのは、人間にとってということで、地球自体は別に人類が滅びようが何しようが、あと50億年ぐらいは存在し続ける。人類の後に別の知的生命体が誕生するかどうかはわからないけど。（映画『Ryuichi Sakamoto: CODA』のためのインタビュー　2013年）

〈語録2〉環境問題への関心は1990年代の初めから次第に高まっていって、その決定的な原因になったのは、やはり1992年にブラジルのリオで行われた〝リオ・サミット〟。これは世界で初めてのワールド・ワイドな環境に関する会議でした。それまで強い関心を持っていなかった僕にもひしひしと迫る内容でした。うん、そこからですね、僕が環境問題にちゃんとコミットするようになったのは。

（映画『Ryuichi Sakamoto: CODA』のためのインタビュー　2014年）

でんき【電気】

〈一般的語彙〉エネルギーの一つ。電荷のはたらきによる現象や、その実体。

〈龍一的語彙〉一部の報道で「たかが電気」の部分のみが文脈から切り離されて喧伝《けんでん》さ

れ、坂本龍一が予想もしていなかったようなバッシングや批判もされることになった。
また、原子力発電とは核の熱でお湯を沸かして蒸気で発電機のタービンを回すという意味では蒸気機関と大きな違いはなく、古くさい技術であるという発言もあった。

〈語録〉言ってみれば、たかが電気です。たかが電気のためになぜ命を危険にさらさなくてはいけないのでしょうか？　ぼくは２０５０年くらいには、電気などというものは各家庭や事業所や工場などで自家発電するのがあたりまえ、常識という社会になっているという希望を持っています。そうなって欲しいと思います。たかが電気のためにこの美しい日本、国の未来である子供の命を危険にさらすようなことはするべきではありません。お金より命です。経済より生命。子供を守りましょう。日本の国土を守りましょう。（「さようなら原発10万人集会スピーチ」２０１２年７月16日）

だつげんぱつ【脱原発】

〈一般的語彙〉安全性や経済性、廃棄物処理など多くの問題を抱える原子力発電にエネルギーの多くを依存する傾向に対して、それに頼らない社会を目指す考え方。

〈龍一的語彙〉もともと原子力発電には懐疑的だったが、2006年に青森県六ヶ所村《ろっかしょむら》に建設された核燃料再処理工場の問題を知り、脱原発の必要性を確信した。サイト『Stop Rokkasho』を開設しての活動や、翌2007年の新潟県中越沖地震で破損した柏崎刈羽《かしわざきかりわ》原発の再稼働反対の活動「おやすみなさい柏崎刈羽原発」などを行っているさなかに発生したのが2011年の東日本大震災とそれに伴う福島第一原発のメルトダウン事故だった。

〈語録〉やはりよく考えると「反」と「脱」は少し意味が違っていますよね。「脱」というのは、脱してその次に行こうという、未来への志向が完全に含まれている。でも「反」というのは、あることに反対していて、自分たちの主張が通ったらそれで勝利ですということになってしまう。未来に対する志向がそこにはないと僕は思うんです。だから「脱」が正しいと思うんです。原発に依存した日本の政治経済制度、エネルギー問題を含めたその大きな枠組みを脱して、次の社会を目指そうということが含まれているんですから。（『SIGHT』 2017年65号）

さいしょりこうじょう【再処理工場】

〈一般的語彙〉原子炉から出た使用済みの核燃料を集め、使用可能なウラン、プルトニウムを抽出する施設。抽出された燃料は再利用され、残りの物質は放射性廃棄物として貯蓄・処分される。

〈龍一的語彙〉青森県六ヶ所村にある再処理工場の問題を訴えるサイト『Stop Rokkasho』では問題の解説のほか、坂本龍一を始めとした賛同ミュージシャンのオリジナル・ミュージックや動画などの無料ダウンロード・サービスなどが行われた。

〈語録〉ある日、グリーンピースのサイトを見て、六ヶ所村の再処理工場の問題を知りました。これはみんなに知らせなきゃいけないということで、自分でもこの問題のサイト『Stop Rokkasho』を作り、友人のアーティストたちにも協力してもらいました。自分の中では世界の問題点を、まだ知らない人に伝えるという意味で地雷除去のチャリティと地続きの自然な行動だったんですが、唐突だと感じた人も多かったようですね。（映画『Ryuichi Sakamoto: CODA』のためのインタビュー　2014年）

ふらっきんぐ【フラッキング】

〈一般的語彙〉水圧破砕のこと。シェール層（頁岩層《けつがん》）などに液体を高圧で圧入し、地層に人工的な割れ目（フラクチャー）をつくって、そこに大量の水と化学薬品を注入し、ガスや石油（オイル）を採りだす技術。

〈龍一的語彙〉フラッキングというシェール・ガス、オイルの採掘法には、地層に負荷をかけ環境破壊の一因となるという理由でアメリカでは多くの人が反対している。オノ・ヨーコらアーティストと共に坂本龍一も反対運動に参加。

〈語録〉**フラッキングのせいで、今まで地震が起こった記録がない場所でも地震が起きたりしているそうです。**（映画『Ryuichi Sakamoto: CODA』のためのインタビュー　２０１３年）

ぐりーん・こんしゅーまー【グリーン・コンシューマー】

〈一般的語彙〉 環境に配慮した製品を選び、買い物をすることによって、社会を変えていこうとする消費者のこと。例えば、必要なものを必要なだけ買う、長く使えるものを選ぶなど。温暖化防止やゴミ削減にも効果がある。

〈龍一的語彙〉 実践の一例として、坂本龍一は早くからニューヨークの自宅での電気を再生可能エネルギー専門の会社から購入。また、ツアーやmore Treesなどの社会活動においてもカーボン・オフセットを積極的に取り入れた。

〈語録〉 消費者は毎日投票をしているわけですから。つまり、AとBという商品があったら、Aを買ってBを買わないというのは、ひとつの選択、つまり投票行為であってその背景に、Aという商品を作っている会社は、このくらいエコフレンドリーだとかエコマイレージ、CO_2をどのくらい出していないとか、原発推進じゃないとか、色々なことを調べて商品を買うというエコ消費者、グリーン・コンシューマーが、世界的に多くなっている。そしてこれは、企業にとって注意しなくてはいけない問題になってきているんです。もっと環境への負荷は下げようとか、原発で作られる電気ではなく自分のところで発電しようなどといった気運にも繋《つな》がっていくはずです。だから、消費者ってい

うのはいちばん強いんですよ。（『THE FUTURE TIMES』2012年第2号）

かーぼん・おふせっと【カーボン・オフセット】

〈一般的語彙〉日常生活や経済活動において避けることができないCO_2などの温室効果ガスの排出について、まずできるだけ排出量が減るように削減努力を行い、どうしても排出される温室効果ガスについて、排出量に見合った温室効果ガスの削減活動に投資すること等により、排出される温室効果ガスを埋め合わせるという考え方。

〈龍一的語彙〉坂本龍一が先導して行ったLIFE311プロジェクトの一環として、2012年1月に、more treesが縁を取り持ったのが岩手県住田町《すみたちょう》と日本野球機構が結んだ「プロ野球の森」カーボン・オフセット協定だった。

〈語録〉住田町のように、自然を相手にして自然に依存しながら共存して生きている人たちは、自然に対する関心と畏怖《いふ》心を強く持っている。反対に東京のような大都会に住んでいると、人工環境がちゃんと機能しさえすればいいという、とても後ろ向きな考え選挙の結果には、本当にがっかりしました。一日立ち直れませんでした。感情的に凹《へこ》んでしまって。僕は政治的戦術のことはよくわかりませんけど、脱原発派の政治勢力のやり方もあまり良くなかったかもしれません。ただね、もちろん政治課題を箇条書きにして挙げると国民の多くは経済とか、年金とか、自分たちの生活が挙がってくる。それは当然ですよね、そこに関心が行くのは。ですので、原発問題はかなり下の方になるわけです。ただ日本の国民にアンケートを取ると7割ぐらいは何らかの形で原発は危険で良くなくて止めたいと、それは今すぐ止めるのか、10年先に止めるのかはわかりませんけど、ない方が良いと思っている日本人は7割はいるんです。でも、その原発の問題が選挙の一番の争点になるのか？　と聞かれるとそうではない。

――大臣が早くて秋に再稼働みたいな話をしています。

再稼働してもまたすぐ止めなきゃいけなくなると思うんです。あと、大きな地震がありそうだという話もあって、本当に事故が怖いですね。福島第一原子力発電所の4号機でわかるように、動いてなくても、使用済み、あるいは使用前の燃料が置いてありますので、それが発火したりすると本当に危ない。そういう危険が日本中に今50基分ある。そして、日本のどこで大きな地震が起きてもおかしくない。だから再稼働する、しないにかかわらず、非常に身近なところに危険があると思った方が良いですね。

――長いスパンの視野を持たれての危機感と言っていいんですかね。短期間での解決方法がどうもなさそうです。大きな船は軌道修正がなかなかできない。やっぱりフラストレーションを感じますか？

フラストレーションと言えば、毎日のように感じていますが、別に僕が思っていることが１００パーセント正解だとも思っていないし、正解だとしてもその通りに社会が動くとも思っていません。比較的冷静です。ただ20世紀に現在の先進国がやってきたような大量消費を今度はＢＲＩＣｓと呼ばれるブラジル、ロシア、インド、中国の20億人以上が始めれば、確実に地球は４つ５つないと保てないわけです。事実として、やってしまったら人類の生息環境が終わる。そして今、終わる方に邁進《まいしん》している。それは事実なんでイライラしないですよ、僕は。わかりきっているのにどうしてそっちに行くのかな？　そっちの道に行くと崖《がけ》があって落っこちるっていうのがわかっているのに。だから自分を含めて馬鹿だなぁと諦《あきら》めているところもあります。ただ自分の子供や孫にはそっちの道を歩んで欲しくないです。一緒に道連れになって落っこちて死んじゃうのは、やっぱり嫌ですから。

――例えば、三島由紀夫《みしまゆきお》さんだったらこういう状況でなんて言うんだろうな？　とか。大島渚《おおしまなぎさ》さんに関しても、社会に対して怒ったりされる大島さんのような人がいなくなってしまったというコメントもされていましたけれど、もう少しそういう発言をする人間が世の中にいても良いと思われますか？

そうですね。そういう怖い人たちっていうのかな。うっかりしたことを言うと怒られちゃうみたいな。うっかりしたことを言うのは文化人もいるし、政治家も同様ですが、どんな職業の人でも適当なことを言うと怒られるような怖い人がいたんですよ、昔はね。多分、どこの国でもいたんだけれども、不思議なことに世界中でそういう人が少なくなっていますね。フランスだったら、（ジャン＝ポール・）サルトルとか。もうみんな亡くなってしまいましたね。（ミシェル・）フーコーとか、（ジル・）ドゥルーズとか、（ジャック・）デリダとか。もちろん哲学者と言われるような人は、あるいは思想家とか批評家とかは今でもいるでしょうけども、社会的、倫理的な道を示すような発言力のある大きな人間は世界的に少ないですね。不思議だなぁと思うんですけど。僕の好き嫌い問わずに言うと、日本も社会的に影響があった小林秀雄《こばやしひでお》、江藤淳《えとうじゅん》、吉本隆明《よしもとたかあき》とかどんどんいなくなって、それに代わる新しい世代のそういう人はあまりいないですよね。人類は衰えているのかもしれません、種として。

（映画『Ryuichi Sakamoto: CODA』のためのインタビュー　２０１３年４月15日）

に陥るのではないかと僕は考えています。（『サムライ』2012年3月）

えここんしゃす【エココンシャス】

〈一般的語彙〉自然環境の保護に強い関心を示すこと。環境を意識していること。

〈龍一的語彙〉1990年代末には、アートとエコロジーを結びつけて実践、啓蒙《けいもう》する団体「code」を創設し、機関誌『unfinished』発行のほか、各種イベントも積極的に行った。また「アースデイ」などエココンシャスな催しにも積極的に参加するようになった。

〈語録〉何かを我慢してエコだとか、世のため人のためだとか、そういうことじゃなく、エココンシャスのほうがカッコイイからやるんだ、自分のためなんだと。だからデザインにも気を遣い、音楽の要素もふんだんに取り入れて、関心のない人に興味をもってもらえるような切り口で間口を広げてやってきた。それは、ある程度成功したと思います。（『ビッグイシュー日本版』2014年4月1日236号）

えこけーす【エコケース】

〈一般的語彙〉リサイクルできる素材で作られた容《い》れ物。

〈龍一的語彙〉１９９４年に日本でのレコード会社をフォーライフ・レコードに変え、自身のレーベル〝güt〟を設立したのを機にＣＤのケースを従来の樹脂製のものからリサイクルしやすい紙を主体にしたものに変えた。以降、レコード会社を移籍してもその時々の最新のエコケースを使用している。

〈語録〉環境問題に関して強く意識するようになった25年前ほどには、ＣＤのパッケージをエコな特殊ケースに変えました。あの時はすごいバッシングでした、坂本がおかしくなったなんてまで言われた（笑）。それが２０００年くらいから風向きが変わってきました。それ以前は環境問題やエコロジーというと堅苦しいイメージがあったんですよ。へたをすると新興宗教のようなイメージすらあった。それが２０００年ごろからコンビニエンス・ストアでもエコ・バッグが売られるようになったり、再生紙が普通の存在になったり、ずいぶん変わってきました。いまやエコに対する抵抗感はないでしょうね。

（『Six』 2017年秋号）

しんりんおん【森林音】

〈一般的語彙〉木のたくさん生い茂っているところから発生する音。リラクゼーション効果もある。

〈龍一的語彙〉樹木の生体電位の測定は、その後「フォーレスト・シンフォニー」などのインスタレーション作品で樹木によるリアルタイムの電位の変化をサウンドにするという形となり、現在も継続中。

〈語録〉木に電極を付けて、電気の一日の変化を記録するということをしたんです。3日間近く、違う種類の三つの木に電極を付けてみて、どんな変化が現れるのかという。今その分析をやっているのですが、単純に森の音を録《と》るという行為にしても、あらためて音に注意を向けてみると、生物多様性が豊かな森は、音も豊かなんですね。うんと北の方の森であるとか砂漠みたいな場所では、明らかに貧しいんです。人工林と自然林でも音は随分違っていて、人工林だとモノカルチャーというか、生物多様性を人工的に減らしているので、音もあまりおもしろくないんです。（『SWITCH』　２０１１年12月号）

十三

生物・科学

ふくおかしんいち【福岡伸一】

〈一般的語彙〉生物学者。1959年東京都出身。京都大学卒業。専攻は分子生物学。著者に『生物と無生物のあいだ』、『動的平衡』など。近著は『福岡伸一、西田哲学を読む』。

〈龍一的語彙〉福岡伸一とはこれまで多くの対談をトーク・イベント、テレビなどで行っている。ニューヨークでも定期的に会食をしているが、そこでは「発見」について、世界は必ず美しい秩序と階層を持っているにちがいないという人間の願望が、本来は動的でカオスな世界にあるものに意味を付加して「発見」としているのではないかというような会話が交わされているという。

〈語録〉福岡さんは今ニューヨークに拠点を置いていて、時々、お会いするんです。「最近、何を研究しているんですか?」とか、「最近、何の本を書いているんですか?」とか、何カ月かに一回お会いして、事情を聞いているんです。いつも話が盛り上がって、僕も聞きかじっただけの生物学の知識とかで話をさせてもらっていて（笑）。毎回、面白い話になる。「自分たち人間は何なんだろう?」とか、「人間は何でこんなことをやっているんだろう?」とか、「自分の生まれたことや死ぬことって何だろう?」「生物って何だ?」とか。（冊子『健康音楽』2016年4月）

ごりら【ゴリラ】

〈一般的語彙〉最大の類人猿。体長は約2メートル、体重は約250kg。全身が黒褐色の毛でおおわれている。草食動物。

〈龍一的語彙〉人語をしゃべるゴリラが主人公である、ダニエル・クインの小説『イシュマエル』は坂本龍一にとってもっとも大切な本のひとつ。

〈語録〉他の哺乳《ほにゅう》動物は大体食べるものは決まっているんだけど。あんなに体のデカい象とかゴリラとかも草とか葉っぱですよ、食べているのは。ゴリラはあんなたくさんの植物が生えているジャングルに生息しているので、周りにたくさん食べるものがあると思いますけど、特定の葉っぱしか食べない。見た目とか手触りとかも大事らしいですが、とくに匂いでかぎ分けるらしい。だから、彼らのほうが鋭敏ですよ。彼らは僕たちみたいに手当たり次第に食べたりしない。それなのにあんなにデカいんですよ。偉いよね（笑）。ぼくはゴリラが好きでね。あの……、ゴリラになりたいぐらいです（笑）。

（冊子『健康音楽』２０１６年４月）

さめ【サメ】

〈一般的語彙〉軟骨魚綱板鰓《ばんさい》類亜綱《あこう》のうち、エイ目を除くものをまとめた呼び方。するどい歯をもち、人をおそうものもある。ひれ・肉は食用。とくに、関西地方ではフカという。

〈龍一的語彙〉坂本龍一は、ある時点で進化をやめたサメという生き物の存在に対して興味を持っている。

〈語録〉サメに関しては、億年単位ですからね。もう変化する必要がないんですよ。何が来ても大丈夫。すごいですよ。生物たちはそんなですよ。だから、人間の小さな意識であだこうだとやっていることは、それは楽しいかもしれないし大事かもしれないけど……、都市を設計したり、ビットコインを作り出したり、ちまちまやっているけど、不完全だからですよ。あがいているだけですよ。ゴリラやサメはそんなことしませんもん。人間と違う形の意識はあると思いますよ。でも絶対肥大化はしないですもん。必要ないから。（冊子『健康音楽』２０１６年４月）

ばくてりあ【バクテリア】

〈一般的語彙〉細菌。

〈龍一的語彙〉１９８０年代から、村上龍《むらかみりゅう》、浅田彰《あさだあきら》との鼎談《ていだん》シリーズ『EV.Café』で言及されているようにバクテリアの重要性には気がついていた。

〈語録〉あらゆるジャンルや分野に興味があります。僕はいつでも心の奥で「音楽って何だろう？」「なぜ人は音楽をするんだろう？」と自分に問いかけているんです。それは「人間とは何か？」という問いと、ほとんど同じです。どんなものであっても、その答えと無関係ではないので、僕はあらゆるものごとに目を向けているんです。温暖化のデータや、ビニール袋を飲んで死亡する海洋動物のデータを調べていると、もちろん悲観的になりますよ。それでも僕は、人間には良い面が必ずあると思っています。例えば、僕にはバクテリアが希望です。バクテリアは38億年前に誕生し、想像もつかないほど過酷な時代を切り抜けてきた生物ですからね。（『i-D Japan no.3』２０１７年4月5日）

まいくろすこーぴっく【マイクロスコーピック】

〈一般的語彙〉顕微鏡でしか見えないさま。微細な。

〈龍一的語彙〉坂本龍一は微細なものを視覚化することで初めて見えてくる風景があるとも思っている。

〈語録〉音楽を聴くということは、その音楽を作った人やその音楽を演奏した人の脳髄を覗《のぞ》き込むような行為なのかもしれない。それもかなり微視的な。例えば、小説家が原稿用紙に一文字一文字書いていく。その時の感情の揺れで、一文字の滲《にじ》み方とか濃さとかが変わってくる。音楽も同じで実はそういう部分まで覗き込める。音楽を聴くということは、音楽を作った人やその音楽を演奏した人のそんなマイクロスコーピックな感覚を摑《つか》む行為。そして、それが長く続く曲だとしたら、思索を覗き込みながら、その時間の限り、共体験していると言ってもいいんじゃないかな。作り手側からすると自分の中を覗き見られ続ける感じじゃないかな（笑）。（冊子『設置音楽』２０１７年４月）

十四

テクノロジー

びる・げいつ【ビル・ゲイツ】

〈一般的語彙〉起業家。Microsoft創業者。ビル&メリンダ・ゲイツ財団共同会長。1955年アメリカ合衆国生まれ。ハーバード大学を中退してMicrosoftを設立。Microsoftはソフトウェアメーカとして世界の企業となり、アメリカの雑誌フォーブスの世界長者番付で1994年から13年間連続の世界一となった。

〈龍一的語彙〉坂本龍一は1995年に発表されたMicrosoft社製のOS「Windows95」の発売の際の日本でのプロモーションに協力した。

〈語録〉一度、ビル・ゲイツさんと電話対談をしたことがある。その時に、ぼくがゲイツさんに、ふだん、どんな音楽を聴いてるんですか？　って何気なく訊《き》いたところ、なんと〝私はコンテンポラリー・ミュージックが好きです〟なんて言う。え、意外だなって思って、たとえばどんな音楽家ですか？　って訊《たず》ねたら〝ジミ・ヘンドリックスとか〟だって！（坂本龍一×藤倉大対談　２０１１年12月　未発表）

まっきんとっしゅ【Ｍａｃｉｎｔｏｓｈ】

〈一般的語彙〉パーソナル・コンピューター。通称はＭａｃ。開発および販売元はＡｐｐｌｅ社。

〈龍一的語彙〉１９９０年代の半ば、当時のＭａｃｉｎｔｏｓｈのあまりの不安定さに怒り心頭に発し、一時的にＷｉｎｄｏｗｓパソコン派になったこともある。その際、Ｍａｃ派ばかりのツアー・クルーやスタッフから「悪魔に魂を売った男」と冷たい視線を送られた。

〈語録〉いまでも音楽を制作する時には日常的にコンピューターを使っているのだけど、ライヴで演奏する時には使わなくなってきている。なんでだろう？　みんながステージでコンピューターを使うようになったからかな。Ｍａｃを使って最新のプラグインを使っておもしろい音を出す若い人はいっぱいいるから、その真似はしたくない。せっかくピアノが弾けるんだから何百年も使われてきたピアノという楽器で、「こんなに新しい音が出せるんだ！」という発見をするほうが自分としてはおもしろいんです。

（『ＳＡＮＺＵＩ』２０１４年４号）

えむ・しー・えいと【MC-8】

〈一般的語彙〉1978年に発売されたローランド社の音楽制作用マイクロ・コンピューター。プログラミングによって当時のステップ・シーケンサーよりも複雑で細かい制御が可能となり、後継機のMC-4とともに1980年代初頭まで世界各国の音楽制作の現場で広く使用された。

〈龍一的語彙〉ソロ・デビュー・アルバムの制作が始まった頃に発売されたMC-8は、機械やコンピューターに強い坂本龍一でも自在に使いこなすのが難しい機械であった。

〈語録〉冨田勲《とみたいさお》さんの弟子だった松武秀樹《まつたけひでき》さんが、MC-8を使いこなしていると耳にして、ソロ・アルバムのレコーディングに来てもらいました。コンピューターといっても、打ち込んだプログラムをメモリする機能もなくて、打ち込んだらそのまま録音しないといけない。でも、やはり革命的な道具でした。人間には難しい高速のフレーズを演奏させたり、均等で正確なリズムを出したり。面白いのは、ブラック・ミュージックや民族音楽の独特なノリやグルーヴを再現しようとして、数値をいろいろ試行錯誤して、秘密を解明できたこと。独特のスイング感のあるリズムを、すごく微妙な数字で打ち込むと、その微妙なゆらぎやハネでグルーヴが生まれるのだということを実験しつつレコーディングしていました。これは直後のＹＭＯのレコーディングや曲作りにもそのまま役立っています。（映画『Ryuichi Sakamoto: CODA』のためのインタビュー　２０１４年）

こんぱくと・でぃすく【コンパクト・ディスク】

〈一般的語彙〉音声・音楽を記録した円盤型の光ディスク。通称ＣＤ。

〈龍一的語彙〉坂本龍一が初めて作品をコンパクト・ディスクでＬＰと同時リリースしたのは１９８６年の『未来派野郎』。その時はＬＰとはジャケットのデザインを変えるなど差異を強調した。

〈語録〉今、消えかかっているＣＤが持っている七十何分という収録可能な長さの単位とかね。そして、ＣＤを考えないで、デジタル配信だけで考えたら、アルバムって単位は意味をなさなくなる。なんだったら、毎日1曲ずつ1年間発表し続けてもいいわけで。実際そういうことをやっているアーティストもいるしね。そう考えると、今、曲の単位とか、曲の長さの意味はほぼなくなっているよね。だから、今回もそういうことも考えましたよ。作る曲は、自分の生理的な「この辺で切りたい」ってところで切ることにした。理屈じゃない。だけど、それも難しくて、生理的なものだから、毎日変わっちゃう（笑）。昨日、「この辺がいいな」って切った曲を今日聴くと「ちょっと短いかな」ってなることがある。当たり前なんだけどね、人間の生理なので毎日違う。

（冊子『設置音楽』２０１７年４月）

ねっとはいしん【ネット配信】

〈一般的語彙〉広域ネットワークを経由して、データを求めるユーザーの元に送信するというサービス。ウェブ配信、オンライン配信、デジタル配信などとも言われる。

〈龍一的語彙〉１９８７年の映画『ラストエンペラー』の音楽制作の時点で、坂本龍一は作った音楽データをＢＢＣの衛星回線を借りてロンドンに送信するということも行っている。音楽のデジタル・データの送信、配信は予想ではなく、すでに現実だった。

〈語録〉80年代半ば頃かな、ある日、スタジオで作業していてスタジオの中を見渡したら、ほとんどデジタルだったんです。ぼくもフェアライトを使っていたし、CDというメディアもできていた。卓もコンピューターでコントロールされていたし、使っているレコーダーもソニーのデジタル48チャンネルでした。つまり、全部デジタルですよね。だったら、一つのコンピューターに統合してやればいいんじゃないか、CDに落としているのも、わざわざそうしないで通信で送っちゃえばいいじゃないか、と。いまでいう配信みたいなことを考えて、どうやったらそれが実現できるだろうかと、ソニーに相談に行ったことがあるんです。その時は、データ量が大きすぎて、当時の通信速度ではできないと。まだ先ですね、と言われました。でもね、街角にデジタルKIOSKみたいなのがあって、ちょっとしたデバイスをカチッと入れてIDを打ち込む。そうすると、最新の音楽とか、雑誌とか、書籍とかの情報が出てきて、そこから好きなものを選んで、デバイスに落として、自分の銀行口座からチャリンと代金が引き落とされるようにすれば便利じゃないかと思ったんです。85年とか86年くらいだったと思いますけど、いま、ようやくそうなりました。ぼくの予想よりも、随分時間がかかりましたけどね。

（『esエンタメステーション』2016年4月15日）

えす・えぬ・えす【SNS】

〈一般的語彙〉ソーシャル・ネットワーキング・サービス。人と人との社会的なつながりを維持・促進・提供するための機能。会員制オンラインサービス。

〈龍一的語彙〉プライベートではSNS以前のパソコン通信、ブログ、mixiなども積極的に活用するアーリー・アダプターだった。病気発覚後は、闘病と新作の制作のためにネットやSNSの使用に対して抑制的になった。

〈語録〉SNSは人間の時間を奪う。あのおかげで読書量ものすごく減っちゃうし、困ったもんです。たとえば本だったらどんなに分厚い本でも必ず最後がある。ツイッターにせよフェイスブックにせよ、終わりがないじゃないですか。リミットがないので、知識や情報をいつまでも探し続けちゃう。自分でリミットを設けないと、まったく際限がなくなる。（『SANZUI』2014年4号）

ふぇいすぶっく【Facebook】

〈一般的語彙〉２００４年にアメリカで生まれた世界最大の会員制ソーシャル・ネットワーキング・サービス。アメリカのハーバード大学の学生だったマーク・ザッカーバーグが学生向けに開設したところ、一般人にも利用者が増え、拡大した。

〈龍一的語彙〉パソコン通信の時代からネットサーフィン、ブログ、mixi、Twitter、FacebookとSNS中毒のような状態が続いていた。Facebookに関しては２０１１年のＹＭＯのアメリカ・ツアーの際に高橋幸宏に強く勧めアカウントの開設を手伝った。

〈語録〉Facebookとか見出しちゃうと、時間を取られちゃうからね。あれって、なんだろう、脳にも悪い感じがして。記憶力が悪くなっていくというか……、目先の情報がたくさん並んでいて、それを追いかけていけば、何時間でもいけるでしょ。そうすると、自分が何を調べようと思っていたのかとか、忘れちゃうんだよね（笑）。本当に記憶がバカになってきて、「これをやっていたら、いつまで経ってもアルバムはできない」と思って、見るのは止めましたね。連絡事項だけ。当たり前のことだけど、あれにリミットはないから。いつまでも見ていられる。世界中の動向を見るなんて見切れるわけがないのにね（笑）。それに、インプットし続けると、アウトプットする時間がなくなるから。だから、きちんとアウトプットしようと思ったら、インプットする時間を減らす。本当に当たり前のことだけど。（冊子『設置音楽』２０１７年４月）

くらうど・ふぁうんでぃんぐ【クラウド・ファウンディング】

〈一般的語彙〉アイデアやプレゼンテーションを持った起案者が、インターネットを通じて、他の人々や組織に呼びかけ、共感した人々から資金援助や協力を募ること。

〈龍一的語彙〉坂本龍一は１９８５年頃にはクラウド・ファウンディング的なアイデアをすでに持っていて、ファンからの出資でレコードを作るという考えとそれにまつわるメモを記している。その対象となったのは坂本龍一のラジオ番組に送られてきた優秀なデモ・テープ作品だったが、結局は通常の形でレコードが制作されての発売となった。

〈語録〉いまや無数にプロジェクトがあるけど、例えばロシア人とアイスランド人とドイツ人がオンラインだけで一つのプロジェクトを立ち上げたりしているケースが多いでしょう。多分会ったこともなくてスカイプだけでコミュニケーション取ったりしていると思う。僕の仕事もそうなってきていますよね。僕はクラウド・ファウンディングをやったことないですね。ただ、最近はあまりにも件数が多くて、探すのも大変だよね。もちろん面白そうなプロジェクトはちらほらあるんですけど……。

（『ＳＷＩＴＣＨ』２０１６年５月号　真《ま》鍋《なべ》大度《だいと》対談）

はいれぞ【ハイレゾ】

〈一般的語彙〉ハイレゾリューションの略。標準のＣＤよりも高解像度で、精密であるもの。高音質音源で圧縮音源では伝えきれなかったレコーディング現場の空気感や臨場感を体感できる。

〈龍一的語彙〉１９８０年代にＤＡＴ（デジタル・オーディオ・テープ）が出現した時も、坂本龍一はいち早く注目。ラジオでその音の解像度のよさを「ＤＡＴプレイヤーで足音が再生されると後ろに人がいるのかと思って振り向いてしまう」と表現した。

〈語録〉音楽を作った者としては、出来る限り良い音質で聴いてもらいたいし、そういうメディアがあるのであれば、その時代その時代のいちばん良いクオリティで残しておくというのは責任でもあると思いますから。ただ、ハイレゾがポピュラーになりつつあるとは言え、まだ一般レベルでは限られています。しかも、現状ではそのハイレゾを除くと、CDがいちばん音質が良いというのは、とても皮肉ですね。いずれにせよ、テクノロジー的にもクオリティの良いものがあるんだから、そちらで聴いた方が良い。最近は、CDプレイヤーで聴いていた頃よりももっと悪い環境というか、悪い状態で聴いているわけじゃないですか。それは良くないですよ。（『esエンタメステーション』2016年4月15日）

でぃー・えす・でぃー【DSD】

〈一般的語彙〉SACD（スーパー・オーディオ・CD）に格納されるファイル形式。

〈龍一的語彙〉2016年の『千のナイフ』（1978年発表のデビュー・アルバム）のリ

イシュー盤など、積極的にＳＡＣＤやＳＡＣＤとのハイブリッド形式でのＣＤのリリースを行っている。

〈語録〉ＤＳＤも、10年以上前にソニーでは技術を持っていて、ソフトも結構出してたんです。ソニーのＤＳＤ担当の方がニューヨークに駐在していて、広めようとしていた。その方と親しくなって、いまでいうハイレゾを、ＤＳＤを僕は聴いていたんで、こんなに素晴らしい革新的な技術があるのに、このままだと駄目だと、ソニーの社長にメールを送ったことがあるくらいです。反応ありませんでしたけどね（笑）。それがやっとでしょ、十数年経ってるんですよね。まあ、世間が認知してきたからというのもあるんでしょうが、音は良い方が良いに決まっています。それと、もっと突き詰めて言えば、音は空気の振動ですよね。狭い空間もあれば、広い空間もある。それぞれの空間の、そこにある空気の分子の動きを全部とらえるくらいの技術に向かって欲しいんです、本当は。そうすると、おそらく、究極の録音になるんですね。僕らが、こうやって録音を通さずに、会話を普通に耳で聞いているのと同じ状態で再現できるようになる。

（『esエンタメステーション』２０１６年４月16日）

さぶすくりぷしょんがたおんがくはいしんさーびす

【サブスクリプション型音楽配信サービス】

〈一般的語彙〉提供する商品のサービスの数ではなく、利用期間に対して対価を支払う方式。従来のように楽曲を1曲ずつ買うのではなく、定額料金を支払うことで、特定期間は音楽をいくらでも自由に聴けるというシステム。「定額制サービス」とも言う。

〈龍一的語彙〉現在、世界の主なサブスクリプション・サービスでは坂本龍一の作品が多く配信されているが、原盤権者との契約の関係上、どうしても配信できないものもある。

〈語録〉以前から続けている『schola』というシリーズは、1年に1巻のペースなんですけど、そうすると、1年にわたって、ひとつのテーマの音楽を膨大に聴くんですよ。教科書的な本の作りなので、間違ったことは言えないので、僕なりにかなり勉強するんですね。なので、関連する音楽はすごく聴きますよ。その音源を聴くのには、Spotifyとかapple Musicとか、サブスクリプション型音楽配信サービスはものすごく便利です。僕は聴いたことのない音楽を聴きたい欲求が強いんですけど、それは単に新しい刺激が欲しいというだけではなくて、「音楽を作るのにまだこういう可能性があったか」ということを知る時があるんですから。可能性が出尽くされたと感じることもあるんですけど、「まだ、こんなことがあったのか」ってことを若い人の作る新しい音楽から知ると本当に嬉しいですね。それで僕も目を見開くことができて、僕自身も自分の作る音楽への希望が持てるようになる。（冊子『設置音楽』２０１７年４月）

十五
時間

かこ【過去】

〈一般的語彙〉過ぎてしまった時。昔。（角川必携国語辞典）

〈龍一的語彙〉病気療養中に坂本龍一が聴き直したのは、未発表曲などを含めたリマスター・デラックス・エディション発売のためのアルバム『音楽図鑑』（１９８４年）、『エスペラント』（１９８５年）や、過去の音源の編集盤『Year Book』シリーズのための素材だった。

〈語録〉病気療養中も必要があって過去の自分の作品をいろいろ聴き直したのですが、客観的に見てエネルギーがすごいなと思いました。やっぱり若さとはすごい。ああいうエネルギーはもう出ないです。（映画『Ryuichi Sakamoto: CODA』のためのインタビュー　２０１４年）

ねんまつねんし【年末年始】

〈一般的語彙〉１年の終わりの頃と年の始め。

〈龍一的語彙〉毎年元日に放送されるＮＨＫ－ＦＭのニューイヤー・スペシャル番組の収録も坂本龍一の年末年始の行事のひとつ。

〈語録〉年末年始は日本にいることが多いかもね。例年、クリスマスがあるんで、ピアノのコンサートやイベントをやることが多かったかな。とくに年末は仕事が多くなるんで。あと、両親が歳をとってきて、15年前ぐらいから年末に両親を温泉に連れていくみたいな習慣ができたりして。今は両親ともに亡くなったんだけど、その習慣だけが残って、温泉に行くようになってますね（笑）。そして、正月には日本にいる家族や親戚《しんせき》に会うのが恒例になっていますよ。日本に家がないから、外で会うんだけどね。日本に家があれば、こたつにミカンとかしたいんだけどね。僕もそれなりに日本っぽい風習もやってるんですよ。（冊子『設置音楽』２０１７年４月）

やま【山】

〈一般的語彙〉一番重要なところ。絶頂。

〈龍一的語彙〉最新アルバム『async』(2017年)に関する各インタビューでも、坂本龍一はアルバム制作を登山にたとえることが多かった。「ひとつの山に登っても、次の山が見えてくる。そこをめざす」というような使われ方。

〈語録〉まだ完全に復調していない中、ハード・ワークとなった映画『レヴェナント:蘇えりし者』の(映画音楽)**作業は本当に厳しい登山のようなものでした。毎日長時間の作業となり、それまで日課であったエクササイズやヨガをする時間も取れない。ガンが再発するのではないかという恐怖の中の登山。ただ、今となると、あの厳しい山を乗り切ったことで精神的にも肉体的にもタフになった。いい結果に転んだと思っています。**

(映画『Ryuichi Sakamoto: CODA』のためのインタビューより 2016年)

ずれ【ズレ】

〈一般的語彙〉ずれた状態。食い違い。

〈龍一的語彙〉２０１７年のニュー・アルバム『async』には「ZURE」という曲が収録されるなど、近年の坂本龍一の音楽技法・制作の上での重要なテーマのひとつ。

〈語録〉たとえば過去にスティーヴ・ライヒが５人の奏者にバラバラに演奏させる曲を書いたりはしているのですが、ほとんどの音楽というのは、すべての楽器や要素がひとつの時間軸上を同じスピードで進んで行くことが多い。それはヨーロッパ発祥の音楽だけではなくて、日本の民謡だって、アフリカの民族音楽だってそう。オーケストラでもロック・バンドでも、みんながビートやテンポを合せて演奏しなきゃいけない。僕はテンポがバラバラでもいいんじゃないか、そういう音楽もおもしろいんじゃないかと思いはじめていて、１９９８年の『愛の悪魔』のサントラや、２００９年のアルバム『out of noise』などで試してきたんです。すると整然と時間軸を進むはずの音楽が、フレーズごとがバラバラのテンポで時間軸上に同時に存在することで、まるでもやっと霧が立ちこめたような印象になった。霧という水の分子が空気の流れの中で一種独立して変容していくように聴こえた。それが好きでうれしくて、あらためて『async』ではズレを生かした曲が増えました。（映画『Ryuichi Sakamoto: CODA』のためのインタビュー　２０１７年）

十六

五感

きょうかんかく【共感覚】

〈一般的語彙〉ある感覚を認識した時に、無意識に別の感覚も引き起こされる特殊な知覚現象。共感覚の例としては、文字や数字に色が見える、音を聴くと色や光が見える、などがある。

〈龍一的語彙〉共感覚のような、人間が意図しない脳の働きに興味がある。

〈語録〉匂いと音は関連することがあって、例えば、子供の時にお母さんが干した洗濯物の匂いを思い出す時に、それがトリガーとなって、お母さんの声を共感覚で思い起こすことがあるそうです。想像力というのは一種の記憶の再構築だと思う。記憶にないことはまったく想像することはできない。言ってみれば、記憶の再構築で、想像力というのは、常に現実ではない。再構築しているから本物とは違っているわけです。言い換えると、記憶って常に間違っている。想像力は現実ではない。そこがおもしろい。

（冊子『設置音楽』２０１７年４月）

みかく【味覚】

〈一般的語彙〉舌で感じる味の感覚。甘い・酸っぱい・苦い・塩辛いなど。

〈龍一的語彙〉味覚と同様の口内の変化として唾液《だえき》が出にくくなり、それを補うためのガムを常に携行している。

〈語録〉治療も終わって、もう1年半ぐらい経ちますけど、未《いま》だに口の中が変化しているんですよ。味覚も未だに変わっているし、口の中の状況は今でも変化し続けているので。やっぱり、治療が激しく、体自体が強い反応を起こすようなものだったから、人間の体が再生していくというのに長いプロセスがかかるんだなあという感じがありますよ。面白いって言うと変だけど、でも、面白いかな。治療後に食べられるようになった時は甘さを感じなかった。でも、数週間経って、気が付いたら、戻ってきましたね。そういう体の変化も今まで経験をしたことないですから、面白いですよね。とはいえ、体のことなので、感覚が失われちゃう人もいるらしいんですよ。だから、このまま甘さが戻って来ないのかなあって思ったこともありましたよ。あっ、あと面白い、いや、面白いっ

て変だな、やっぱり（笑）。（冊子『健康音楽』２０１６年４月）

かんじょう【感情】

〈一般的語彙〉ものごとに触れて起きる、気持ちの揺れ動き。喜怒哀楽などを感じる心の働き。（角川必携国語辞典）

〈龍一的語彙〉ストレートに感情を出すのが苦手なタイプと自己分析している。

〈語録〉尊敬する細野さんからＹＭＯの結成に誘われた時も、本当は嬉しかったのに、ソロで忙しいけれど、時間のある時はお手伝いしますよ的な、非常に生意気な返事をしてしまいました。それに対して大人の細野さんは、うん、それでもいいから一緒にやろうよという鷹揚《おうよう》なお返事でした……。

（映画『Ryuichi Sakamoto: CODA』のためのインタビュー　２０１４年）

いやし【癒し】

〈一般的語彙〉傷や苦しみなどをすっかりなおすこと。

〈龍一的語彙〉坂本龍一は、1999年にシングル曲「energy flow」が大ヒットした際、「癒しソング」という形容をされがちで、「癒し」という言葉に安易な響きを感じた。

〈語録〉癒し、という言葉は好きでないけど、音楽をすることが何かの救いになり、平和な日常のありがたさを知ることもできる。音楽ができることで、子供たちが感動を共有する時間をともに過ごせるというのを、こういう時にこそ確認したい。

（『アエラ』 2016年3月28日号）

いあん【慰安】

〈一般的語彙〉慰めて、気持ちを安らかにすること。

〈龍一的語彙〉坂本龍一にとってはなにより読書と映画鑑賞が慰安の代表。

〈語録〉普通の人もやっている音楽の聴き方だと思うけど、慰安っていうのかな。心を休めるために聴くような。探究心ばかりではなくて、そういう感じで音楽を聴くこともありますよ。慰安のためにいいのは、それもブームがあって日々変わっていきますね。最近だと、雅楽の笙《しょう》の音楽ですね。今は本当にリラックスしたい時はその音楽ばっかり聴いていますよ。つまらないTVを観るよりは音楽を聴いたほうがいいと思いますよ。

（冊子『設置音楽』２０１７年４月）

にゅうこん【入魂】

〈一般的語彙〉ものごとに精魂のかぎりを注ぎこむこと。

〈龍一的語彙〉１９７０年代末のニューウェイヴの時代、クラフトワークの「ロボット」やウルトラヴォックスの「アイ・ウォント・トゥー・ビー・ア・マシーン」、ゲイリー・ニューマンの「アー〝フレンズ〟エレクトリック？」とならんで、ＹＭＯの「コンピューター・ゲーム」も〝入魂〟とは正反対の人間的な感情を排することを希求した音楽に分類する評論もあった。

〈語録〉20歳前後の頃、クセナキスが数学とコンピューターで作ってた音楽が熱狂的に好きだった時期があった。芸術的な衝動さえない音楽、感情はないけど形だけがある音楽が究極にかっこいいなと思ったんだ。まあ、実際のクセナキスはギリシャの政治闘争の群衆の音とか霧のイメージとか、けっこうおセンチなイメージを反映させてたわけだけど、それは後で知ったことです。デュシャン的というか、「入魂」とかの正反対の機械が勝手に作る音楽に憧《あこが》れてたね。木の葉っぱって、人間の感情と無関係に、色も形も生命システムとしてもすごいわけじゃない。そういうのがかっこいい、みたいなのはありました。（『新潮』２０１１年1月号　大竹伸朗対談）

いたみ【痛み】

〈一般的語彙〉病気や傷などによる肉体的な苦しさ。また、心に受けた傷やなやみごとなどの精神的な苦しさ。（角川必携国語辞典）

〈龍一的語彙〉治療中の坂本龍一はあまりの痛みに「こんなに痛いならもう治療はやめにしたい」と口走ることもあったという。

〈語録〉治療はとにかく痛かった。治療箇所が咽《のど》なので、口の中がすごく痛い毎日。自分の唾《つば》も痛みで飲み込めないぐらい。それで食事がいやになって体重が落ちるほど。副作用もあるだろうから、本当は使いたくなかった痛み止めの薬をやむなく服用して、それでなんとか毎日を凌《しの》いでいった。とにかく体力と免疫力が落ちている中で痛みに耐える日々でした。（映画『Ryuichi Sakamoto: CODA』のためのインタビュー　２０１４年）

ひえ【冷え】

〈一般的語彙〉血の巡りが悪く、手足などが冷たくなること。

〈龍一的語彙〉坂本龍一は体温と免疫力の相関を重視している。

〈語録〉朝はフルーツとにんじん、りんご、生姜《しょうが》のジュースのみ。でも、それだけだと体が冷えるので、具のない味噌汁《みそしる》に生姜を加えるなどして補いました。食事の順番は、野菜を先に食べて、魚介、炭水化物と、消化に時間がかかるものをあとに食べるようにして、とにかく腸に負担をかけないように気をつけました。（『婦人画報』２０１６年６月号）

いかり【怒り】

〈一般的語彙〉怒ること。また、怒った気持ち。（角川必携国語辞典）

〈龍一的語彙〉１９９７年のアルバム『DISCORD』の収録曲「untitled#1」の第2楽章の名前が「怒り」で、激しい民族紛争と虐殺が発生した当時のアフリカ・ルワンダの報道への感情をそのまま曲にしたもの。２０１６年、『母と暮せば』『レヴェナント：蘇えりし者』に続いて取り組んだ映画音楽『怒り』も高い評価を受けるとともにニュー・アルバム『async』への助走となった。

〈語録〉「untitled#1」の楽章の名前の「Grief（悲しみ）」「Anger（怒り）」「Pr

ayer（祈り）」「Salvation（救い）」というのは、当時のルワンダの報道に接した時の僕のリアクションそのもの。そのまま曲にしたんです。当時、オーケストラの曲を書くことになっていて、その準備中にルワンダのことが報道されるようになってきた。僕はその報道を見て怒りや悲しみを感じて、それが自分の中に溜《た》まっていったんでしょう。ある夜、ぱっと目が覚めて夢の中で浮かんだ曲想を楽譜に書き出していった。ルワンダの状況に対する非常にシンプルな気持ちを曲にしたのですが、そういう風にせざるを得なかった。初めての経験でした。（映画『Ryuichi Sakamoto: CODA』のためのインタビュー　２０１４年）

ふらすとれーしょん【フラストレーション】

〈一般的語彙〉欲求不満。（角川必携国語辞典）

〈龍一的語彙〉もうどうしようもないという諦念《ていねん》の一方で、坂本龍一は毎日のようにフラストレーションを感じ、抱えている。それは人類の抱えるジレンマでもある。

〈語録〉20世紀の先進国、そして21世紀のBRICs（ブラジル、ロシア、インド、中国）の

子力明るい未来のエ ネルギ

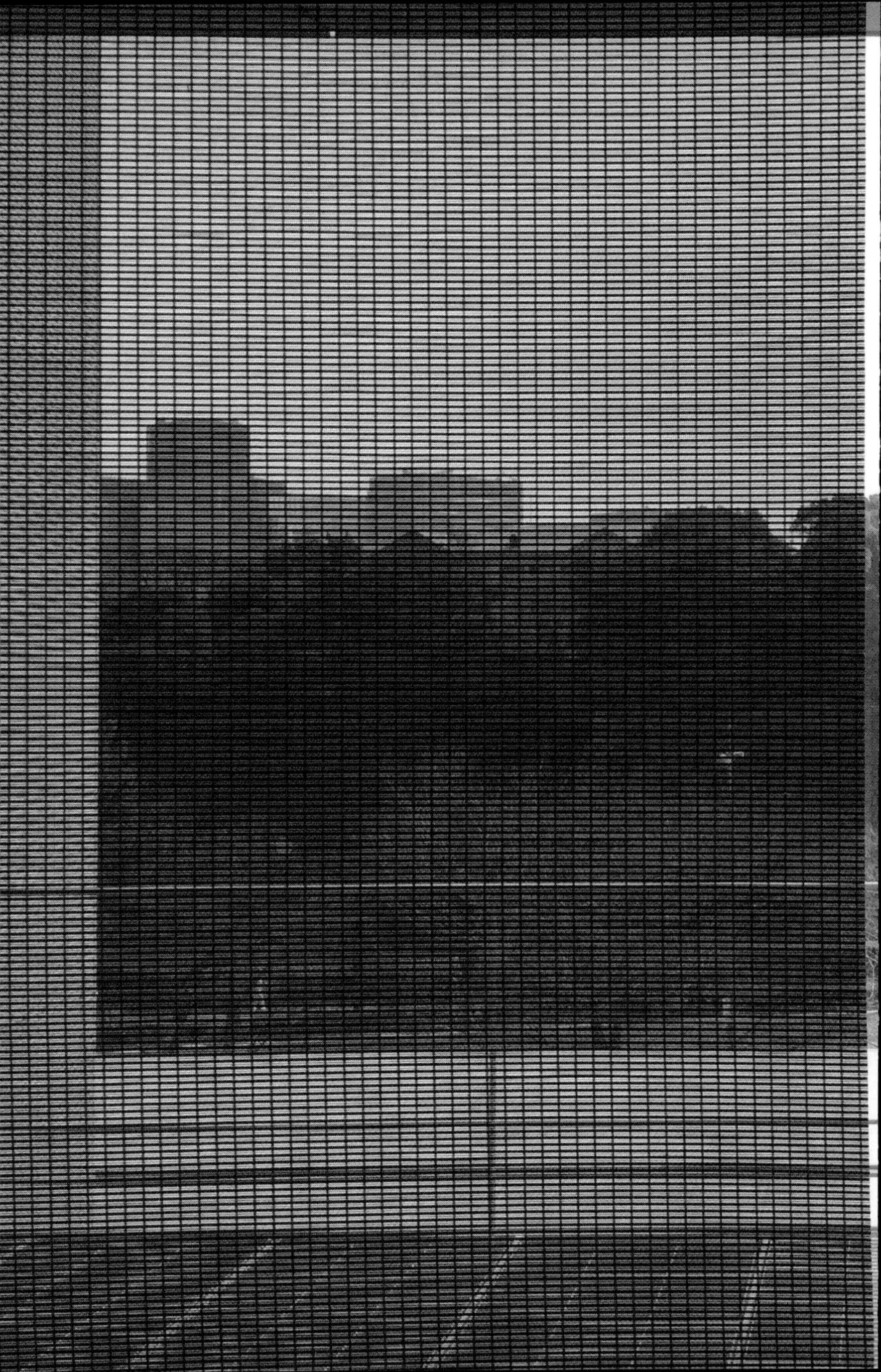

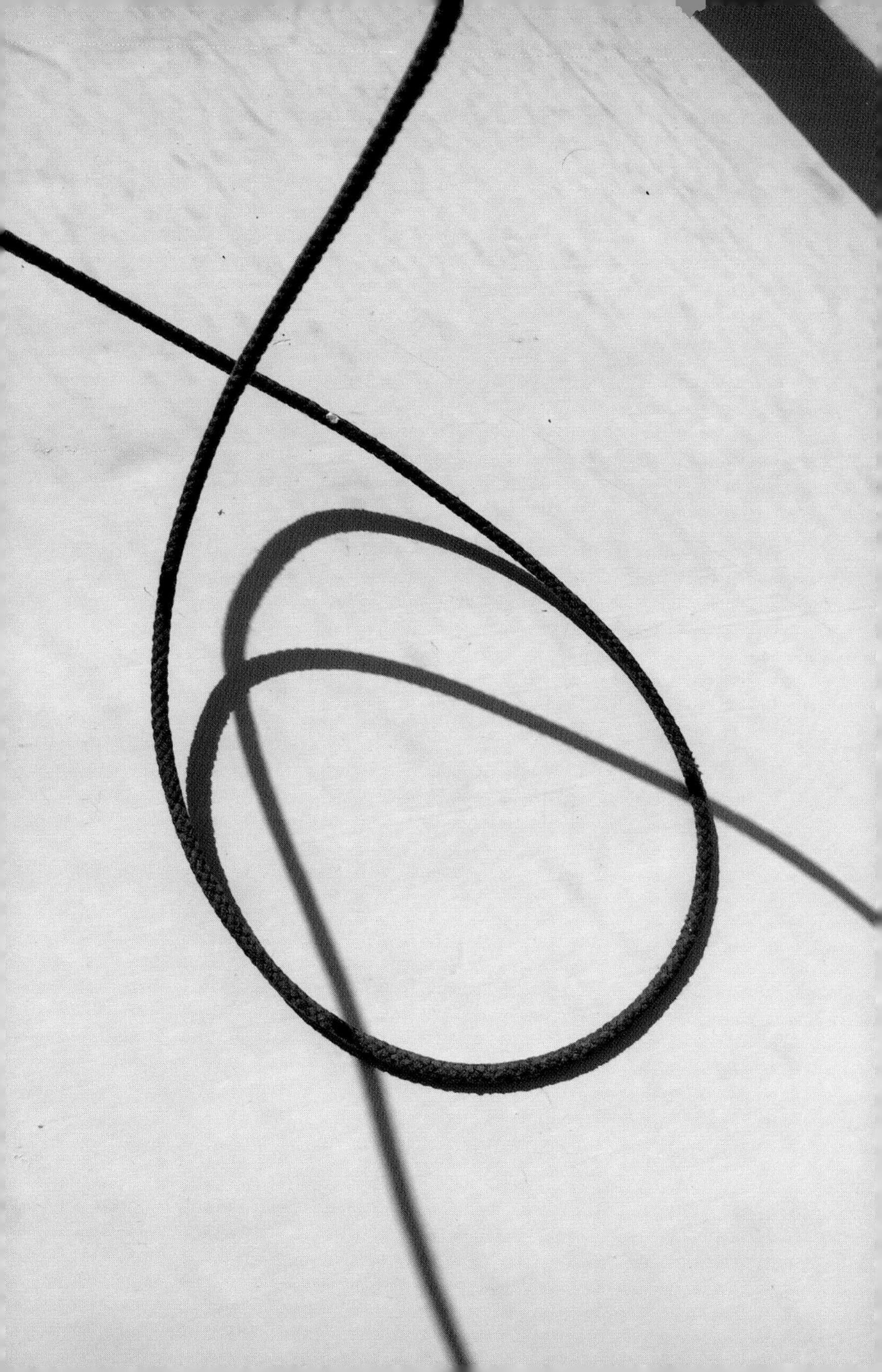

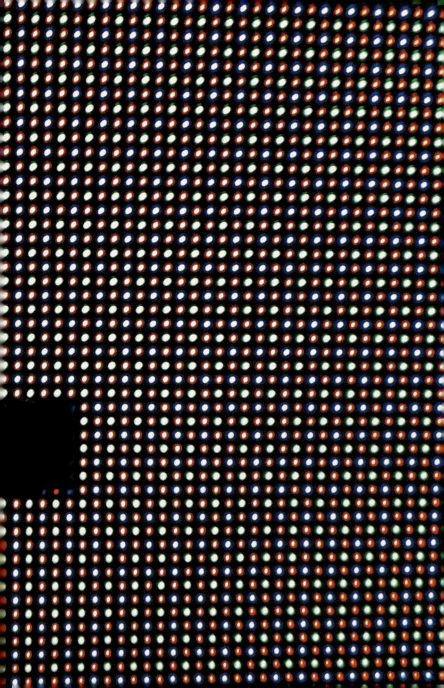

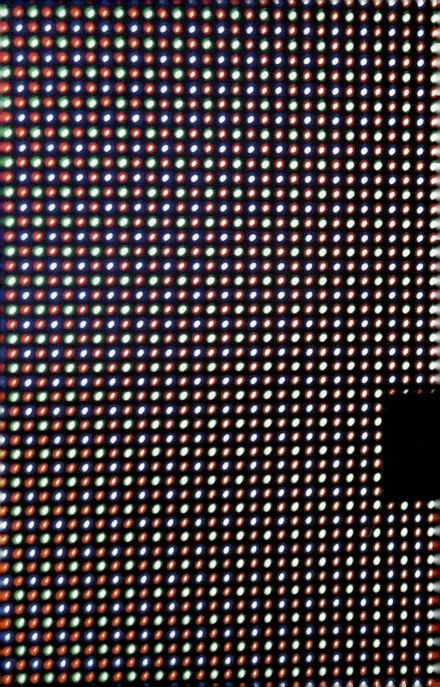

諸国も経済成長のために環境を考慮しない発展を目指し続けている。行き着く先は人類にとっての生息《せいそく》環境の終りであることは明白。行く先に崖《がけ》が見えているのにそこに向かって疾走していく。なぜ？　というフラストレーションは毎日感じています。自分の世代はともかく、自分の子供や孫の世代にはそこで道連れになって一緒に崖から落ちてほしくないというフラストレーションです。

（映画『Ryuichi Sakamoto: CODA』のためのインタビュー　２０１３年）

すとれす【ストレス】

〈一般的語彙〉精神的緊張・恐怖・睡眠不足・過度の労働・騒音・寒冷などの刺激が続くことによって引き起こされる病的な状態。多く、胃潰瘍《いかいよう》や高血圧のような病気を生じる。（角川必携国語辞典）

〈龍一的語彙〉坂本龍一は、１９８７年にストレス解消にもなる『気分転換法77』（扶桑社）という本の監修者を務めたことがある。77通りの気分転換、ストレス発散の手引きを掲載した一冊で、77番目の項目は「能を見る」だった。

〈語録〉いい仕事というのはすなわちストレスの発生する仕事でもあるので難しいところです。ただ、9・11、3・11にまつわる問題のストレスもそうとう溜《た》まっていたと思います。例えば3・11以降の原発事故や被災地の問題を知るにつけストレスは溜まるし、それについて発言すると反発も受けてまたストレスが溜まっていく。負の連鎖ですね。
（映画『Ryuichi Sakamoto: CODA』のためのインタビュー　2014年）

どうじょう【同情】

〈一般的語彙〉相手と同じ気持ちになって、ともに悲しんだりなやんだりすること。

〈龍一的語彙〉同情という言葉が孕《はら》む傲慢《ごうまん》さについては若い頃から自覚的だったという坂本龍一本人の発言がある。

〈語録〉日本語では〝同情〟って嫌な言葉になってしまっていますけど、でも、被災者の方たちには同情という言葉しかないですね。僕は当事者じゃないし。それなりに自分のできることはやってきたんですが、とにかく5年も経って、地震や津波で被害を受けた人たちの多くが未だに仮設住宅に住んでいるっていうのはどういうことなんでしょう。それって、結局、国の予算の使い方次第じゃないですか。1年で片がつく話。実際に土地のかさ上げとか、整備とか、新しい町を作るとか、進んでいるところはあるわけで。やればできるんですよね。だから、やっていないだけでしょ。（冊子『健康音楽』２０１６年４月）

ふまんぞく【不満足】

〈一般的語彙〉思うとおりにならず、不じゅうぶんであること。

〈龍一的語彙〉「サティスファクション」を歌ったローリング・ストーンズは坂本龍一にとってロックの原点。１９７０年代末にＹＭＯのライヴで「サティスファクション」をカヴァー演奏したこともある。

〈語録〉〝完璧《かんぺき》なアルバム〟というものは存在しないでしょうね。完璧なアルバムがあるとしたら、それは自分が生み出したものに甘んじているということでしょう。甘んじるのは、嫌ですね。アーティストにとって、満足しない気持ちこそ無限の原動力ですよ。あの歌みたいにね。〝I can't get no satisfaction〟！

（『i-D Japan no.3』２０１７年４月５日）

十七

男女

あい【愛】

〈一般的語彙〉いとしく思うこと。いたわること。男女が思い合うこと。

〈龍一的語彙〉坂本龍一は「愛」について語ることは、ほぼない。

〈語彙〉愛する者たちへの手紙――非常に不完全だし、失敗も多いが、僕は君たちを愛している。愛には責任もある。やはり僕の不完全さから、この責任も果たしきれないでいるが、許してくれ。愛は、かけがえない、と思うことから始まるが、その後様々な過程をとおらなければならない。もちろん僕もその過程のすべてを知っているわけではないから、いま一緒に学んでいるところだ。結局すべては知りうることもなく死が訪れるだろうが、少なくともそれまで、この愛につき合ってくれ。これまで、よく僕の自我につき合ってくれた。感謝する。自我と愛はたびたび衝突する。それは困難な選択だ。僕に対してはいいが、これから君たちも自分の自我と他に対する愛の衝突をたくさん経験することになるが、その時僕のことを思い出してくれ。嘘をつかない、他人を傷つけない、自分を傷つけない。これらのことを完全に実行することは不可能だが、少なくとも

忘れないことを約束してくれ。それでは。（『skmt』1999年）

れんあい【恋愛】

〈一般的語彙〉男女間の、たがいにしたいあう感情。恋。

〈龍一的語彙〉ソロ・デビュー・アルバム『千のナイフ』（1978年）が完成した際、行きつけのお洒落《しゃれ》なバーでかけてもらったところ、ミュージシャンもしている仲の良い店員から「坂本さん、この音楽じゃモテませんよ」と宣告され、そういう視点で音楽を作る人もいるのかと大きな衝撃を受けたという逸話が残っている。

〈語録〉クリエイティヴィティに関して、恋愛は絶対的にエネルギーになると思います。う〜ん？　待てよ（笑）。冷静に自分の曲を振り返ってみると……。そうか、恋愛感情があったからいい曲が書けた、とはいえないか。でも、キッカケにはなるでしょう。自分はその気にはなりますからね。ただ、恋をすると、その人の目があるので、カッコつけてしまうじゃない、どうしても。すると、自分ではなくなってしまう部分があるわけで、そういうことを突き詰めていくと、孤独でいるほうがクリエイティヴィティにはいいのかも。どうしても自分を見つめざるを得ないわけだから。

（『GINZA』２０１４年３月号　岡村靖幸《おかむらやすゆき》対談）

びじん【美人】

〈一般的語彙〉顔や姿の美しい女性。美女。

〈龍一的語彙〉坂本龍一には１９８９年発表の『BEAUTY』というアルバムもある。１９８０年代には女性週刊誌、芸能誌のインタビューで「好みのタイプ」という質問をされることもあったが、具体的に答えることはなかった。

〈語録〉どんなに美人だとしても話が合わないと付き合えません。ルックスよりも考え方やセンスが似ていることが僕には重要なんです。絵を観て「いいよね」という感覚が共有できる、何も言わなくてもわかってくれる、そういう人が好きですね。

（『GINZA』２０１４年３月号　岡村靖幸対談）

こんいん（せいど）【婚姻（制度）】

〈一般的語彙〉男女が正式に夫婦になること。結婚。

〈龍一的語彙〉坂本龍一はこれまで二度の結婚体験があるが、どちらも日本の婚姻制度に従わなかった場合に子供が受ける不利益を考慮したものと発言している。

〈語録〉制度としての結婚は大事だとは思いません。地球上の生物にはオスとメスが存在していますよね。中には性別の区別のないもの、ある時まではオスで途中からメスに変わるもの、そういった生物さえもいますが、人類の場合はオスとメスがいるわけです。で、オスとメスがペアとなり、子供をつくり、ファミリーとして暮らす。それは、約20万年前、地球上にホモ・サピエンスが出現した頃から延々と続いている自然の営みなんです。それと、国家が「あなたたちは正式なペアです」と認める「制度」とは、まったく別のものです。だから、個人と個人の結びつきを、国家に認定してもらう必要はない、と僕は常々思っているわけです。しかも、いまの日本では、認証のないカップルやその子供は、いろいろな保障を受けることができないし差別も生じる。極めて不公平な制度です。律令制から連綿と続く戸籍制度と対になった困った制度だと僕は思うわけです。

（『GINZA』 2014年3月号 岡村靖幸対談）

どうせいこん【同性婚】

〈一般的語彙〉男性同士、あるいは女性同士という同じ性の人間同士の結婚。狭義においては、それら同性同士の結婚が法的に認められる制度を示す。ヨーロッパ諸国をはじめ、いくつかの国で法律が整備されて可能となっている。

〈龍一的語彙〉仕事やプライベートな場で多くの同性愛者やLGBTと出会い、その友人も多い坂本龍一にとってはEU諸国やアメリカの先進的な州における同性婚の容認の進み具合と、日本における議論の停滞やタブー化を深く憂慮している。

〈語録〉なぜ男同士じゃダメなんですか。なぜ女同士じゃダメなんですか。生涯の伴侶《はんりょ》はこの人だと同性のパートナーと一緒に生活を始める。カップルとして社会に認められたい、社会に貢献をしたい。だから結婚して婚姻届を出しますというのは、異性婚となんら変わりはないのに今の日本では受け入れてもらえません。これも、僕個人としては役所に届けを出す今の日本の婚姻制度に賛成できない理由のひとつです。

（『ＧＩＮＺＡ』２０１４年３月号　岡村靖幸対談）

十八

生活様式

らいふすたいる【ライフスタイル】

〈一般的語彙〉くらしの型や様式。

〈龍一的語彙〉ニューヨーク移住後、坂本龍一のライフスタイルは早寝早起きに変わっている。坂本龍一のレーベル“commmons”事務所にはふたつの掛け時計があり、日本の時刻を表示したものと、およそ半日の時差があるニューヨークの時刻を表示するものが並んでいる。ニューヨーク時間の時計の針が早朝にさしかかる頃、レーベルのスタッフは忙しくなってくる。

〈語録〉病気になる前から、同世代の一般の男性よりは食べ物や健康に気を遣ったライフスタイルになっていたと思います。知識もあったつもりなのに、いざガンという病気になってみるとやはり、ライフスタイルの〝ライフ〟という意味ががらりと変わってしまった。〝ライフ〟がそのまま生き死にの問題になってしまって、言葉の重さもちがってくる。もともと身体が丈夫で大きな病気の経験もないし、その上でこれだけ健康に気を遣っているのだから、病気が発覚した時は信じがたい気持ちでした。前兆のような症状があった時も、いや、自分は健康なはずだから重大な病気であるはずがないという思い込みがあった。そういう意味では自分の身体や健康的なライフスタイルへの過信が逆効果だったのかもしれないという思いはあります。（『Six』２０１７年秋号）

ろっくんろーる・らいふ【ロックンロール・ライフ】

〈一般的語彙〉１９６０年代～１９７０年代の英米のロック・スターが送っていた破天荒な生活。「セックス・ドラッグ・ロックンロール」という当時のロック・スターたちの人生訓も有名。

〈龍一的語彙〉20代から40代までの坂本龍一は、昼間のハード・ワークが終わると、六本木《ろっぽんぎ》、西麻布《にしあざぶ》などで何軒もの店を梯子《はしご》して、朝まで、時には昼まで遊び続ける生活を送ってきた。

〈語録〉ところが、40歳を過ぎた頃から急に自分の身体の老化を感じはじめたんです。そこで急に健康に関心を持つようになって、食べ物も、農薬や保存料をなるべく避けて、生産地や農法などにも関心を持つようになりました。そのことが結果的には環境問題に関心を持つきっかけとなったんです。

（映画『Ryuichi Sakamoto: CODA』のためのインタビュー　２０１４年）

いさく【遺作】

〈一般的語彙〉死亡した人が残した生前最後の作品。

〈龍一的語彙〉デヴィッド・ボウイの遺作となったアルバム『★』（２０１６年）については、遺作のつもりで作ったとは思えない、それほどエネルギーに満ちあふれていると発言している。

〈語録〉次のアルバムは、当然、遺作になるかもしれないぐらいの気持ちで作ることになると思います。２０１６年は、僕がcommmonsというレーベルを作って10年になる年ですが、この10年に僕が作ってそこから出したソロ・アルバムはたったの１枚しかない。ですから、今この病気をうまく乗り越えられたとして、あと10年ぐらい生きるとしても、作ることができるのは1枚かせいぜい2枚。そういう意味で今年作るアルバムはもうこれが最後のアルバムだ、遺作になるかもしれないのだという気持ちで作る。遺作となったとしても悔いが残らない内容にしなきゃいけない。

（映画『Ryuichi Sakamoto: CODA』のためのインタビューより　２０１６年）

るーざー【ＬＯＳＥＲ】

〈一般的語彙〉競技の敗者。負け犬。

〈龍一的語彙〉坂本龍一は、受験やテスト、やりたいと思った大きな仕事の選考に負けた経験がなく、敗者の視点に立つことが難しかった。負けそうな場所には最初から近づかなかったという発言もある。それが、『レヴェナント：蘇えりし者』の映画音楽制作では、ひとりで完成させることが難しく、アルヴァ・ノトを助っ人に呼んだ。これは坂本龍一にとって、生まれて初めての大きな挫折体験だった。

〈語録〉僕はLOSERですよ。自分の目標に届いていないんだから。自分にとって、自分はLOSERなわけ。負けてたの。で、その感覚は生まれて初めてなんです。LOSERになったっていうのは、自分に対して。今まで、本当に変な話だけどね。試験にも落ちたことはないし、なんか人生で負けたって思ったことがないし。本当に稀有《けう》というか、珍しいやつなんですけど……、初めてですね。負けた感覚。今回。この歳にして、やっと人並みになった感じです。みんな、何かしら人生の中で味わってきているんですよね。やっと一人前になったような気持ち。（冊子『健康音楽』２０１６年４月）

とりっくすたー【トリックスター】

〈一般的語彙〉神話や民間伝承のなかで、トリック（詐術）を駆使するいたずら者として活躍する人物や動物、境界や常識を破ったりする人。

〈龍一的語彙〉坂本龍一は、アーティストはトリックスターであると同時に炭坑のカナリアであるという発言を過去にしたことがある。

〈語録〉アーティストが銀行員と同じ尺度で批判されるのはおかしいと思う。世の中には、バカみたいでも真っ当なアーティストは必要なんだ。あるいはガンジーとかダライ・ラマとかアウン・サン・スー・チーだって、バカすぎるくらいに真っ当だと思う。彼らはトリックスターかもしれないけど、そういう人が必要なんだよ。

（『新潮』２０１１年1月号　大竹伸朗対談）

もでる【モデル】

〈一般的語彙〉見本、模範。絵や彫刻、写真などの題材となる人やもの。

〈龍一的語彙〉坂本龍一も、あるモデルをもとに新しい音楽を作るという行為は時折行ってきており、とくに１９８０年代初頭のニューウェイヴの時代は、マイケル・ナイマンやトーキング・ヘッズの自己流の解釈をもとに作った楽曲もあった。また映画音楽の場合では監督からの要請により、他発的にそれを行わなければならない状況になることが今でも多い。

〈語録〉一番簡単なのは、自分が作ったものでも、誰が作ったものでもいいんですが、すでに存在している音楽でこういうのが聴きたいって言うんだったら、それを聴けばいいじゃないですか。でも、それじゃ満足できない。それじゃないって思うから。だから、やっぱり自分のハードルは上がっているんですよ。すでにある音楽から「こんな音楽を作りたい」って作るのは比較的簡単で。モデルがあるから。まあ、それにしたって簡単ではないんですよ。250年前に死んだバッハさんの音楽のようなものが作りたいと思っても、一生かかってもバッハのクオリティの音楽は作れない。モデルがあるからと言ってそう簡単には作れないですよ。ただモデルがあるからどこに向かえばいいのか、どういうアプローチをすればいいのかというのはわかる。だけど、今回、僕がやっていたのはモデルがないんですよね。漠然と白いキャンバスがあるだけ、参照するものがないので。そのキャンバスにバンッと一筆で落とすのか、いろいろ考えて試行錯誤しながら描いていくのか、どういうアプローチにするかというところから始めました。

（冊子『設置音楽』 2017年4月）

にっか【日課】

〈一般的語彙〉毎日することに決めている仕事。（角川必携国語辞典）

〈龍一的語彙〉２０１４年の闘病以降の坂本龍一の日課は、早起きと散歩、ストレッチなどで柔軟性を保ち、免疫力を高めること。朝食は果物や人参ジュースのみで、昼はしっかり食べる。午後は仕事をしたりピアノを弾き、夕食は軽く。夕食後は映画鑑賞か読書、というのが理想的だが、雑用や仕事に追われてなかなか理想通りにはいかないそう。

〈語録〉20代から仕事を始めて、こんなに長く休養したというのは初めてです。最初は手持ちぶさただったのですけど、月曜から金曜まで毎日病院に通い、身体のメンテナンスを行っているうちに意外と早く1日が終わってしまうことに気付いた。仕事もしていないのにこれでいいのかなという焦り、早く仕事をしなくちゃという焦り、仕事を始めたらまたかつてのようにできるのだろうかという焦りと、いろんな焦りがある毎日です。ただ、今は治療に集中して再発しないことを目標にしています。中途半端に治療を終わらせて仕事に復帰しても、あとで必ず後悔することがわかっている。今は我慢です。

（映画『Ryuichi Sakamoto: CODA』のためのインタビュー　２０１４年）

十九

思考

しゅうちゅうりょく【集中力】

〈一般的語彙〉気持ちや注意を、仕事や作業など、あるものごとに対して集中させる能力のこと。

〈龍一的語彙〉『母と暮せば』と『レヴェナント：蘇えりし者』の映画音楽の制作期間は、集中力を高めるために、没頭しがちだった各ＳＮＳの使用、閲覧も減らしていくことになった。

〈語録〉40代までは24時間集中してスタジオで作業などということもできたのですが、50歳を超えたらもう無理が利かなくなった。自分のプライベート・スタジオでの作業ですら3〜4時間しか集中力が続かない。病気前でそれですから、すっかり怠け癖がついてしまっていた（笑）。それが『母と暮せば』と『レヴェナント：蘇えりし者』を同時にやっていた時は、さすがに1日12時間ぐらいは集中せざるを得なくて、40代の頃に戻ったみたいでした。療養中なのに、ヘトヘトでした。

（映画『Ryuichi Sakamoto: CODA』のためのインタビュー　２０１６年）

しこうじっけん【思考実験】

〈一般的語彙〉実際に実験を行わず、頭の中だけで、実際にはありえない場面設定をして、そこで起こると考えられる現象を理論的に追究すること。現実の実験の誤差や限界を顧慮する必要がなく、物理量の定義などに役立つ。

〈龍一的語彙〉坂本龍一にとって、音楽を作ることは思考実験でもある。化学の実験と表現していた時期もある。

〈語録〉2016年の4月、5月、6月、7月の4カ月間ぐらい試行錯誤して、思考実験を繰り返していたかな。音を出して、聴いて、音を録《と》って、聴いてを繰り返して、音を探して、その音をどういう音楽の方法のどういうアプローチで進めていけばいいのか。だから、山探しっていうのかな。山はまだ登っていなくて、「どの山を登ろうかな?」ってことを4カ月間ぐらいやっていて、8月に入って、「この山にこのアプローチで登ろう」と決めて、そこからは比較的早かった感じかな。（冊子『設置音楽』2017年4月）

あいであ【アイデア】

〈一般的語彙〉思いつき。着想。考え。

〈龍一的語彙〉坂本龍一はメモ魔で、その時々のアイデアや、いわゆる「To Do」リストを常に書き留めている。最新作『async』に関するアイデアのメモの一部は2017年に外苑前《がいえんまえ》のワタリウム美術館で行われた展示『設置音楽展』で公開された。

〈語録〉病気になる前の2014年に、新作のためのアイデアはずいぶんメモしました。ちょっとした思いつきもあれば、音を実際に出したスケッチ的なものもある。しかし、病気になり、それを乗り切り、さらには『母と暮せば』『レヴェナント：蘇えりし者』の同時制作というさらに高い山に登ってみると、2014年のアイデアやスケッチはどうも自分に迫ってこない。この2年間で自分はやはり変わったのだなと痛感しました。

（映画『Ryuichi Sakamoto: CODA』のためのインタビュー　2016年）

いまじねーしょん【imagination】

〈一般的語彙〉想像力。想像。空想。

〈龍一的語彙〉CM音楽の依頼をよく受けていた頃は、音楽によってそのCMによるイマジネーションを拡げる効果を付加することを念頭に置いていた。

〈語録〉映像というのはこちらが想像力を働かせる前に見せられてしまうから。想像力って“imagination”っていうでしょ？　それは、映像＝imageから来た言葉なんだよね。映像を見ている時は、imageを与えられてしまうので、imaginationが働かない。imaginationを働かせる余地なく、次々と映像が入ってきちゃうので、強制力という意味では映像のほうが強いんだけどね。音の場合は、ジャングルで2km先でカサッと鳴った音で、それが味方なのか、敵なのか、なんなのか、というのを想像しなくてはいけないので、そこで想像する力のスイッチが入るんですよね。それと同じように、音楽が鳴った時に思い浮かぶ映像というのは、音楽が入ってくることによって喚起されるものなので、そこで見ているものは自分のimagination。それは映像が直接入ってくることとは随分違うと思いますね。（冊子『設置音楽』２０１７年４月）

せんす【センス】

〈一般的語彙〉ものごとについての見方や感じ方などの微妙な感覚。

〈龍一的語彙〉長年にわたって、コンサートのMC中に「自分には笑いのセンス」がないと自虐的に語ることもあった。

〈語録〉YMOの三人の中で、僕がいつも「本当に坂本くんは笑いのセンスがないよね」っていじめられるの。ステージでお客さんの前で言われたこともあるもん、細野さんに。三人の中で細野さんが一番笑いのセンスがあるんですよ。漫画も上手だしね。

（冊子『健康音楽』２０１６年４月）

ほうふ【抱負】

〈一般的語彙〉心の中にいだいている計画や希望。

〈龍一的語彙〉かつてはインタビューなどで「抱負」を訊《たず》ねられると「ありません」と答えることも多かった。

〈語録〉たまたまだけど、今年は冗談みたいに「今年の抱負は……」とか言ってましたね。僕の今年の抱負は「身勝手な行動をしない」という誓いを立てたんです。人に迷惑をかけない（笑）。なんだか小学2年生程度の抱負だね（笑）。（冊子『設置音楽』２０１７年4月）

こんせぷと【コンセプト】

〈一般的語彙〉考え方。概念。

〈龍一的語彙〉１９８０年代のクリエイター・ブームの時に「コンセプト」という言葉が一般的になったが、その当時から坂本龍一はインタビューで「コンセプト」を訊《き》かれるとうんざりするような様子を見せていた。

〈語録〉「この作品はこういうことがいいたかった」って言えちゃう人が音楽でもいるよね。絶対それは嘘だと思うけど、それで評価する人が多いじゃない。CDを作ってプロモーションでインタビューを受ける時、「この作品のテーマ、コンセプトは？」って聞かれるけど、そんなのない。三島由紀夫みたいに問題設定がかなりはっきりしていたとしても、それは頭の上部構造のことで、本当の情動、というか衝動とか官能としては「書きたい」だと思う。三島はそれに対する知的な操作がすごくできたわけだけど。

（『新潮』２０１１年１月号　大竹伸朗対談）

げんいん【原因】

〈一般的語彙〉あるものごとや状態を引き起こすもとになること。（角川必携国語辞典）

〈龍一的語彙〉坂本龍一自身は、とくに心身をすり減らしたあるプロジェクトは確実にガンの原因になったのではないかと疑っている。

〈語録〉原因はひとつということではなく、複合的なものだと思っています。まずは食

事。気を遣っていたつもりでも、やはり自分の身体は食べ物によって作られるわけですからそこに原因のひとつはあったでしょう。さらには精神的な問題。現代に生きていてストレスのない生活は考えられないのだけど、やはり精神のあり方は身体に影響を及ぼすことは間違いない。病気になる前はストレスを抱える仕事が複数あって、それは大きな原因になったと思います。（映画『Ryuichi Sakamoto: CODA』のためのインタビュー　２０１４年）

けいしき【形式】

〈一般的語彙〉 一定の形や、決まったやりかた。体裁や見かけ。外形。

〈龍一的語彙〉 形式＝スタイルでもある。とくにクラシック、西洋音楽において坂本龍一は藝大時代から形式の行き詰まりと閉塞《へいそく》感を覚えており、その形式から逸脱するために民族音楽と電子音楽を研究した。その後、自分の中の地底湖にある日本の伝統音楽も再発見。様々な形式を自分の中で並列させようとしているように見える。

〈語録〉 僕のルーツである西洋的な形式は日本のそれとはかなり違う性質だから、日本

的なものは新鮮だし、得るものは多いですよ。今回掲げている「SN／M比50％」で表現したように、僕は音だけでは不満で、ある種の形式的なものがないと僕は満足できない。それは何百年と培われた西洋の形式感とも違う、日本なのか、アジアなのか、全方位でその違う形式を探してはいますね。非常に参考になっています。でも、そういうものって、昨日、今日知ったぐらいで手軽に取り入れることができるものではないから、難しいよね。だから、少しずつ試してみたり、取り入れながら、自分の中に入れようとしています。（冊子『設置音楽』２０１７年４月）

あのにます【アノニマス】

〈一般的語彙〉作者不明の。匿名の。

〈龍一的語彙〉ＹＭＯの突然の大成功によって、匿名的でいられなくなった坂本龍一は一時外出恐怖症のような状態になってしまった。

〈語録〉少年時代から、自分はアノニマスな存在でいたいとずっと思っていました。それが急激に顔と名前を知られることになって、道を歩いているだけで指を差されたりということに耐えられなくなった。当初はもう、本当に外出するのが嫌で引きこもりのように閉じこもってました。慣れるまでに1年ぐらいかかったんじゃないかな。

（映画『Ryuichi Sakamoto: CODA』のためのインタビュー　２０１４年）

二〇

意志

ゆめ【夢】

〈一般的語彙〉将来、実現させたいと思っている望み。希望。（角川必携国語辞典）

〈龍一的語彙〉坂本龍一には将来の夢というものがなかった。目標もなかった。なにかの職業や、肩書きを持つということに興味がなかった。そして、いつの間にか現在の坂本龍一になっていた。

〈語録〉僕は将来、音楽家になろうとかミュージシャンになろうなんて夢はまったく持っていなかった。僕の周りの、たとえばカリスマ編集者と呼ばれる人とか、カリスマ美容師と呼ばれる人に訊《き》いたことがあるのですが、彼らも将来はこうなりたいという夢を追い求めて実現したわけじゃないみたい。そのカリスマ美容師さんに、じゃあなんで美容師になろうと思ったの？　と訊《たず》ねたことがあります。その答えは「それまでヤンキーだったんだけど、さすがに年を取ってもヤンキーはないだろう。何になろうかと考えたら、なるべく女性に近づく職業がいいと思った。美容師ならつねに女性に近いから」と（笑）。ま、それで大成功したのですからもともと向いてはいたのでしょうけど。

（映画『Ryuichi Sakamoto: CODA』のためのインタビュー　２０１４年）

めっせーじ【メッセージ】

〈一般的語彙〉伝言。ことづて。

〈龍一的語彙〉坂本龍一は、以前は苦手だった若い世代へのメッセージを、最近は出せるようになってきた。

〈語録〉〝未来の世代のことをもっと考えて〟と年上の人たちを動かしてください。うちの息子がそれをやっていますよ。環境問題だけでなく、レイシズムや、セクシズムといった社会問題を懸念しているからです。僕たちはそんな活動から学ぶんですよ。哲学者の鶴見俊輔《つるみしゅんすけ》が「若さは常に正しい」と言っています。この言葉、いいですよね。私たちは今、誰の声を聞くべきでしょうか？　２０１１年に日本で大地震と津波が起こったことで、自然の声を聞く大切さに気づかされました。（『i-D Japan no.3』２０１７年４月５日）

こうきしん【好奇心】

〈一般的語彙〉未知のものに対して強い興味を示す心。

〈龍一的語彙〉坂本龍一がフィクションの本をあまり手に取らず、膨大な量のノンフィクション、研究書、哲学書を読むのは好奇心の旺盛《おうせい》さの表れ。

〈語録〉好奇心は旺盛な方だと思います。人と比べるのは難しいけど、人と比べても旺盛だと思います。少し自分の好奇心を絞り込んだほうがいいんじゃないかと思って、たまにエクセルで好奇心表を書いたりして（笑）。今の自分にとって関心があるものを書き出して、それに関して知りたいことやそれに関する本を調べたりして、ひとりでやってますね（笑）。だから、本当にその欲求が幅広くて、これは何回生まれてきても全然足りないって感じですよ。（冊子『健康音楽』２０１６年４月）

いしき【意識】

〈一般的語彙〉自分の現在していること、置かれている立場や状況などが自分ではっきりわかっている状態。気にしたり、こだわったり、思いこんだりすること。

〈龍一的語彙〉フランス哲学に興味を持っていた坂本龍一にとって、「意識」「自意識」の問題は、20代の頃からの思索の大きなテーマであり続けている。

〈語録〉意識の中では意識が肥大化して、まるで意識だけが存在しているかのように意識しているけれども、体ということを考えると、人間の活動の中で意識なんてほんの1割にも満たないことをやっているだけで。だとすると、犬も人間も存在としてやっていることは何ら変わらないですよ。それにしては人間って随分威張ってるでしょ（笑）。1割もないぐらいの差なのに。僕はそれが許せないんだよ、昔から。自分も含めて。「なんだ、ちょっと傲慢《ごうまん》じゃないか」って思うわけですよ。やっぱり意識という存在が反自然なんでしょうね。なんでこんなものを持って、生まれてしまったんでしょうね、人間って。（冊子『健康音楽』2016年4月）

もーど【モード】

――9・11の時は、ニューヨークのロウワーにいらしたんですよね。その時、まず何を感じられましたか。

まず情報がない。事故なのか、人為的なものかもわからない。割と近かったので、とりあえずカメラを持って、セブンスアベニューに出ると真っ正面に見えますから。目の前に毎日見ていたツインタワーが燃えているわけですよね。シュールリアリスティックな光景でもあったんですけど、それを見ながらそれを理性的に分析したわけでもなく、2つの考えが去来しました。ひとつはこれはアメリカの政権の自作自演だろうっていう。それは別に僕は陰謀説に加担しているとかそういう下地はないんですけど、本当にこうカメラ越しに見ていたらそういう考えがふっと来ちゃったんですね。もうひとつは今まではレベルの違う過激なテロリストに近い環境主義者たちが一線を越えて、地球を壊しているキャピタリズムを壊すためにこういう行為に挑んだんじゃないかと。ほとんど同時に頭に去来しまして。裏付けも何もなく、燃えているのを見てなんとなくそう思っちゃいました。あの日もそうだし、連日行けるぎりぎりのところまで行って様子を見たり、ダウンタウンを歩き回って。何が起こるんだろう？　って。一番怖かったのは次なるテロが来るんじゃないかとそれに僕は怯《おび》えていました。だから、ミッドタウンのビルが爆発したらどこに逃げるとか、どうやって生き延びようかとかしばらく考えていましたね。実際、爆発しちゃったら、マンハッタンは島ですから、逃げ出すにはトンネル、橋、船しかない。簡単に封鎖できますから、孤立状態になってしまう。テロだけでなく、いろいろな危機で封鎖状態になった時、何百万人が住んでいる小さな島で簡単に食糧が尽きますよね。そういう恐ろしい事態になるなとは常に思っていますよ。

――あの時の危機感は増長しましたか、さらに。9・11の経験を経て。

それまで持っていた危機感とはまた別の意味で、日常的な危機感の中で暮らすというのはどういうことなのか。例えば、今でいうとガザの人たち、イスラエルの人たち、ウクライナの人たちもそうかもしれませんが、それは日常としてはどういう日常なんだということを少し味わった気はします。それはやっぱり味わってみないとわからないと思うんですよね。こういうことかって。いつドンって爆発するかわからない状況の中で暮らすっていうのはどういうことなのかっていう、もの凄《すご》くストレスが高まるし。

——そういうストレスがある中で作曲などはできるんですか？

とてもじゃないけど音楽なんかをね。「音楽なんか」って自分で言っちゃいけませんけど、音楽のことを考えたり、楽器の前で座っている余裕はないですね。だから、ああ、音楽ってものはこういうヒリヒリした危機感の中ではできないんだなって。楽しむこともできないし、ましてや、作ることもできない。音楽を聴く余裕なんてなかったですもんね。何週間かは。

——あの時、数日経ってからヴィジルというようなことがユニオンスクエアあたりでできましたよね。

自然発生的にね。地震などの自然災害もそうですけど生存率が高いのは72時間以内って言いますよね。それを過ぎてからニューヨークでも、あちこちでちょっとしたコーナーでもヴィジルをみんなでやっていましたよね。市民が勝手に自然発生的に街の中で集まって弔うみたいなヴィジルっていう習慣は日本ではあまりありませんよね。なんだかもっと儀式みたいな追悼式典みたいな感じになる。アメリカで見て、とてもいいなと思いましたよ。こんなにうるさくて騒音に溢《あふ》れて、音楽にも溢れているニューヨークがその3、4日間、本当に何も音がしなかったです。誰も車でクラクションを鳴らさないし、音楽も一切なかったです。もの凄く静かでしたね。時折、空軍のジェット機がマンハッタンの上を、警戒しているか何かで飛んでいくのが異様に大きな音で響いてね。あ、ニューヨークもこれほど静かになるのか、と思って。とても興味深かったですね。

(映画『Ryuichi Sakamoto: CODA』のためのインタビュー　2014年7月19日)

〈一般的語彙〉服装などの流行。流行などの型。

〈龍一的語彙〉音楽も読書も、ひとつのものに夢中になると、しばらくはその関連物を系統立てて調べないと気が済まない性質。

〈語録〉今でも高校時代と変わらないぐらいありとあらゆるジャンルを聴いています。その日、たまたまフェイスブックで見ちゃったから、聴き出して、興味を持ってしまうと、その人の別の曲とか、関連する曲とかを聴きたくなって、そのモードに入っちゃうんですよね。翌日になったら、全然モードが違って、雅楽を聴いてみたりとかして、割と日によって違いますね。（冊子『設置音楽』２０１７年４月）

じゆう【自由】

〈一般的語彙〉人間として自分で責任を持って考えたり味わったりする思想と精神の働き。他から何らかの条件をつけられることがないこと。社会的には、契約を結び、財産をもち、企業をおこし、集会や結社をもつことには何の条件もないこと。ただし、人間には絶対的な自由はない。

〈龍一的語彙〉『音楽は自由にする』が2009年に出した坂本龍一の自伝のタイトル。1981年、打ち込みによって演奏の長さや内容があらかじめ規定されるYMOでのライヴ演奏に反発して、曲の終わり方さえ決めないような自由な演奏のバンドをやりたいと、ソロ・バンド「B-2 UNITS」を結成したこともあった。

〈語録〉『async』というアルバムは即興ではないけれど、音楽の決まりごとを一切忘れてその時に思ったことにだけ忠実になろうという方針で作った音楽。結果的に形式的になったりしても否定はしないけれど、最初から形式を決めたり、それに沿うということはしませんでした。自由な発想で音を創りたかったんです。（『Six』2017年秋号）

あおじゃしん【青写真】

〈一般的語彙〉青地に白で線や文字をあらわした写真。設計図などの複写に使う。白地に青もある。将来についての計画。

〈龍一的語彙〉ＹＭＯの頃は精緻《せいち》な青写真を描いて、コンピューターを使うことでそれを正確に再現するという試みを行っていたが、同時に数々の即興セッションも行い、予測のつかない音楽も追求していた。２０００年代にＹＭＯが復活した際も、即興セッションで「The City of Light」や「火の鳥」といった新曲を制作した。

〈語録〉近年、人間が頭で考えて作る音楽の限界ということをとても強く感じます。音楽に限らず、建築にしても美術にしても、ものすごく頭のいい人たちが考え抜いて作ったものでも、やはり自然の造形や複雑さには及ばないと思うことがよくある。僕の性格かもしれないけれど、自分が精密に青写真を描いて、それが正確に再現されても面白く感じないんですよ。青写真を描いた時点で完成形がわかってしまうから驚きも喜びもなくなる。自分では思いもよらなかったことが起こるその瞬間に立ちあうということに喜びを感じます。（『Six』２０１７年秋号）

ぜんたい【全体】

〈一般的語彙〉ものごとを大きくひとまとまりのものとして見た時の、すべての部分。

〈龍一的語彙〉坂本龍一にとって、細部を探究すると同時に、全体を包括して理解することが大切だと考えているような発言も多い。

〈語録〉世界全体を知りたいってことなんじゃないですかね。人間だけでなく、地球だけでなく、存在全てを知りたいってことだと思いますよ。人間も宇宙も全部含めて。なんだろう？　っていう問い自体が無意味かもしれないけどね。人間が解釈できるレベルのものではないかもしれないし。でもなんとか知りたいって思ってきたわけじゃないですか、人類って昔から。神話を思い描いたりとか。哲学を説いてみたりとか。宗教になったりするとか。それはずっと続いていくと思うんですけどね。それは、音楽を作ったりするインスピレーションの根源にありますよ。（冊子『健康音楽』２０１６年４月）

このかくりつ【個の確立】

〈一般的語彙〉ひとりの人の意識がめったなことではぐらつかず、しっかりとしたものを打ち立てること。

〈龍一的語彙〉個の確立ができないと民主主義は成立しない。しかし、個の主張ばかりになると独善的になる。そのバランスの難しさが現代の諸問題の根底にあるのではないかと坂本龍一は考えている。

〈語録〉今は情報を得ようと思えばいくらでも得られる時代だし、他の国の文化や歴史も学べる。そうした情報量の多さが、個の確立とバランスの難しさに対する希望じゃないかな。どこの国の人間も、そもそも視野や認識が非常に狭くなりがちなので、なるべく多くの良質な情報に接して、視野を拡げていくしかないんです。

（映画『Ryuichi Sakamoto: CODA』のためのインタビュー　２０１２年）

しぐねちゃー【シグネチャー】

〈一般的語彙〉署名。特徴。サイン。（角川必携国語辞典）

〈**龍一的語彙**〉坂本龍一の音楽（作品）はジャンル分けが非常に困難で、とくに欧米のレコード・ショップでは、ロック、クラシック、映画音楽、テクノなど店内のあちらこちらにＣＤやレコードが点在している。

〈**語録**〉**いろいろなジャンルの音楽が混在しているというのが、僕という音楽家のシグネチャーかなとも思います。混在してはっきりしないという、逆説的なシグネチャー。それはそれで面白い。ただ、そういう混在したものをひとつの、ある種のスタイルにできないかということは昔から考えてはいます。未だにそれを目指して試行錯誤しているのかも。**（映画『Ryuichi Sakamoto: CODA』のためのインタビュー　２０１４年）

ヴぃじる【ヴィジル】

〈**一般的語彙**〉日没後、献身的な見守りなどの目的のために行われる集会。寝ずの番。

〈**龍一的語彙**〉９・11の同時多発テロの後、公的な追悼式典などももちろん多く行われたが、街のあちらこちらで市民が自然と集まって追悼の集会をしていたことが坂本龍一の鮮明な記憶として残っている。

〈語録〉当時、ニューヨークでは自然発生的にあちこちでヴィジルが催されるようになりました。ヴィジルは日本ではあまり行われない風習なので、いいなと思いました。あれほど音楽や騒音に溢《あふ》れていたマンハッタンで、あんなに静かだった日々は他にないんじゃないかな。そうした静けさの中で、テロを警戒中の空軍のジェット戦闘機の轟音《ごうおん》だけが上から響いてきたことをよく憶えています。

（映画『Ryuichi Sakamoto: CODA』のためのインタビュー　２０１４年）

ちんもく【沈黙】

〈一般的語彙〉だまりこんで、口をきかないこと。また、音楽において音を出さないこと。

〈龍一的語彙〉音楽における沈黙の意味に関連して、近年の坂本龍一はジョン・ケージの「4分33秒」という作品の意味をいまいちど捉《とら》え直そうとしている節がある。

〈語録〉ピアノ・ソロのツアーを沢山やっていて、ヨーロッパやアメリカでもやったんですけど、どんな曲も遅く弾いてました。何故そんなに遅く弾くのかと、文句を言われたこともあるんですけど、人生の黄昏《たそがれ》とか、そういうことではなくてね、ゆっくり弾くことで響きを充分楽しむことができる。本当はもっと遅く弾いて、ひとつの和音がゆっくり消えていくまで弾いていたいくらいだったんですけどね。カールステン・ニコライとのコラボレーションも、そうですね。僕のピアノの素材をカールステンに送りつけて、彼がそれを料理するというやり方だったんですけど、ひとつの和音が減衰するまで弾きって、そこから次に移る。「戦メリ（戦場のメリークリスマス）」なんかでも、かなりゆっくり弾きました。聴いている方は憂鬱《ゆううつ》になっちゃうかもしれないけど、ぼくは充分に浸って楽しんでいた。そういう時期でしたから、沈黙というのはとても好きだったし、楽しんでいたし、大事だと思っていたので、沈黙が聞こえるようなものになったのかもしれないですね。（『esエンタメステーション』2016年4月16日）

きょうせいりょく【強制力】

〈一般的語彙〉力ずくや権力でむりにさせたり、影響を及ぼすことのできる力、強要。

〈龍一的語彙〉自由を愛する坂本龍一にとっては、自動車の通っていない道の歩行者信号の赤のように感じるもの。

〈語録〉音楽とは同時に暴力的だし、その強制力は本当に強い。そういうことを意識的に使っていたのはナチスだよね。ワーグナーの音楽はプロパガンダのために作られたわけではないのに使われてしまった。例えば、エリック・サティの家具のように存在する音楽として定義した「家具の音楽」も、今でいうアンビエント・ミュージックも、その空間にいる人間の意識をコントロールしてしまうので、一見、暴力的、強制的ではないけど、聴く人間に影響を与えるという意味では、僕は少し怖いなあと思います。

（冊子『設置音楽』２０１７年４月）

あつりょく【圧力】

〈一般的語彙〉押しつける力。抑えつける力。プレッシャー。（角川必携国語辞典）

〈龍一的語彙〉ある国で内定していた大規模なコンサートが、スポンサーである日本企業や関連する政府外郭機関の協力拒否で中止となったことがある。原発にもかかわるその企業や政府関係者が3・11以降の、とくに脱原発についての坂本龍一の言動を気にしたとも言われている。

〈語録〉圧力はずいぶん強くなりましたね。とくに3・11以降。あるコンサートがいろんな圧力で開催できなかったりもしました。そういうことはほんの一部ですから、大きなダメージにはなっていませんが、精神的にはやはり不愉快になりますね。

（映画『Ryuichi Sakamoto: CODA』のためのインタビュー　２０１４年）

二一

行動

てだすけ【手助け】

〈一般的語彙〉人の仕事を手伝うこと。また、その人。

〈龍一的語彙〉坂本龍一は東日本大震災以前から、中古電子楽器の流通を阻害する「PSE法案」や「改正動物愛護法案」『音楽著作権管理団体の独占反対』などの嘆願運動、署名活動の手助けを行ってきている。

〈語録〉僕が一番やりたいと思っているのは、あるいはアクティビストたちにやってほしいと思っているのは、一番困っている人たち、たとえば基地問題なら沖縄の人、原発問題なら福島の人や原発を抱える地方の人たちとタッグを組むことです。現実に3年経った今も福島では14万人もの人が避難して困っているわけで、その人たちがまず声を上げるべきだし、上げられない事情があるなら僕らが手助けをする。その協力が活動の一番のドライビングフォースになるはずです。（『ビッグイシュー日本版』２０１４年4月1日２３６号）

ちゃりてぃ【チャリティ】

〈一般的語彙〉慈善。慈善事業。

〈龍一的語彙〉坂本龍一は、3・11関連など、多くの公表されたチャリティ活動のほかに、公表せずに行っているチャリティ活動も多い。

〈語録〉社会とか、時代とかに責任を持つとか、そういうのはもともと嫌いだったんです。そういうのは傲慢《ごうまん》だと思っていた方です。でも、アメリカに行って随分変わってきたのかもしれません。また、日本的心情そのものに、そういうのを傲慢だというのがあって、チャリティを未だに欺瞞《ぎまん》だと思っている人も多い。僕もわかります、その気持ちはね。でも、それがアメリカに行って随分変わりました。欺瞞だとしても、何もやらないで人を批判するよりはやった方が良いと。アメリカに住み始めて26年目になるんですけどね。（『esエンタメステーション』2016年4月16日）

はつげん【発言】

〈一般的語彙〉 公の場で意見などを述べること。（角川必携国語辞典）

〈龍一的語彙〉 ニューヨークに居住し、作品作りをすると同時に湾岸戦争が勃発《ぼっぱつ》し、周囲からも招集（予備役からの現役復帰）される人やその家族の様子を見て、さらに発言するべき時には発言しなければならない気持ちになったと当時のインタビューで語っている。

〈語録〉 1990年にアメリカに居を移したということと当然関係している。アメリカでは有名な人、アーティストであったりスポーツ選手であったり、俳優だったり、社会的に名前のある人は社会的なイシューに関して発言していくのは当たり前。僕は高校時代に学生運動にかかわって、その中で政治に関するいやな面をいっぱい見聞きしてしまい、それで自然と政治的な発言をすることを嫌うようになってしまっていた。アメリカに来て、それじゃあいけない、社会問題に関して発言することは義務なのではないかという刺激を受けたんです。もちろん、この頃に環境問題に深く関心を持って、黙ってはいられないという強い気持ちになったということもあります。

（映画『Ryuichi Sakamoto: CODA』のためのインタビュー　2014年）

れすぽんす【レスポンス】

〈一般的語彙〉応答。返事。対応。

〈龍一的語彙〉レスポンスは時に音楽や作品を作る際の動機だと語られることもある。坂本龍一が、ルワンダの民族浄化、虐殺の報道に接して、「untitled #1」（1997年のアルバム『DISCORD』収録）を即座に作り上げたのもその一例。

〈語録〉モノを作るような人間であれば、その大きな強い疑問に対して、自分の中で反《はん》芻《すう》しながら、何らかの表現で返すというのかな。あるいは返せないかもしれない。表現できないかもしれないけど、何らかの反応、レスポンスということはしていかないといけないと強く思うんです。（冊子『健康音楽』2016年4月）

りあくしょん【リアクション】

〈一般的語彙〉反動。反応。反作用。

〈龍一的語彙〉坂本龍一が2001年のアメリカ同時多発テロ（9・11）の時に、とっさに起こしたリアクションが、まずカメラを持って崩落する世界貿易センタービルの撮影をすることと、後に『非戦』の単行本として纏《まと》められることになる情報共有のメーリングリスト開設だった。

〈語録〉一番シンプルなのは、目の前の川で溺《おぼ》れている人がいたら、何かせざるをえないし、見て見ぬ振りはできない。誰か助けを呼ぶとか、川に飛び込むとか、そういう単純なリアクションを取りたい。また、音楽を作っている者として、いや、あるいはクリエイターでなくても、やはりなにかしらはやる。やるやらないということで、今は現代文明の意義が問われている時代かもしれない。（冊子『健康音楽』2016年4月）

はしりつづける【走り続ける】

〈一般的語彙〉足を速く動かして進む状態が続くこと。

〈龍一的語彙〉20代で職業音楽家となってから、これまで走り続けてきた人生だったと坂本龍一は自覚している。

〈語録〉こんなに長期間、時間が空くというのはこの40年で初めて。今まで休みなく走り続けてきたから、これは本当に貴重な時間だと思います。もちろん、この休んでいる期間は自分の身体、健康の状況が大きく変わってのことなので、この期間にどういうことを考え、何を感じるのかで、自分の作る音楽がどのように変化するのだろうという興味がある。自分を観察する期間でもあります。

（映画『Ryuichi Sakamoto: CODA』のためのインタビュー　２０１４年）

でも【デモ】

〈一般的語彙〉抗議や要求の意思をあらわすために行う集団行動。示威運動。

（角川必携国語辞典）

〈龍一的語彙〉高校、大学時代は坂本龍一にとってデモの季節の時代でもあった。高校時代は学校のバリケード封鎖にも参加した。1970年の安保闘争のデモに参加して以来、日本国内では長くデモとは無縁だったが、2011年の脱原発デモや官邸前抗議などは「心は一緒に参加している」と発言。翌2012年の官邸前抗議には実際に参加してスピーチを行った。

〈語録〉アフガン戦争のあとにイラク戦争が始まった時は、ニューヨークの空気の揺り戻しもあって、平和を求めるデモが世界の動きに呼応してニューヨークでも行われるようになりました。僕もブロードウェイを行進するデモに参加しました。デモへの参加なんて大学時代以来でした。で、僕はそうした1970年ぐらいの日本のデモしか知らないので、最近のニューヨークのデモのいい意味で緩い空気に驚きました。ドラァグ・クイーンみたいな格好をしているおじさんとか、ハグをしながら歩くカップルとかがぶらぶら歩いている。僕らの時は隊列を組んで、機動隊にぶつかっていくような攻撃的なデモが主流だったので、隔世の感でしたね（笑）。機動隊に殴られたり、ホースで水をかけられたりしなかった。事前の集会とかもなく、その時間に勝手に集まって、思い思いのプラカードを掲げて、適当なところで離脱していく。中心の存在がなくて個の集まりだった。自由でいいなと思いました。
（映画『Ryuichi Sakamoto: CODA』のためのインタビュー　2014年）

らんぼう【乱暴】

〈一般的語彙〉ものを傷つけそうなほどに、あらあらしくふるまうこと。また、無法なふるまい。

〈龍一的語彙〉坂本龍一にとっては、音楽にも乱暴なものがあるという。そして、今はもう乱暴な音楽はできないし、やりたくないという。

〈語録〉YMOとかの35年ぐらい前の音を聴くと、すっごい乱暴なんですよ（笑）。当時はポストモダンでテクノでプラスチックなイメージだったけど、今聴くとめちゃ乱暴で、（高橋）幸宏も乱暴だし、僕も乱暴だし、音色も乱暴だし、実際音もデカい。若者の音なんですよね。（『SIGHT』2017年65号）

くび【馘首】

〈一般的語彙〉勤めを辞めさせること。免職。

〈龍一的語彙〉病気などやむを得ない理由で仕事をキャンセルしたり断ったりすることはあっても、坂本龍一がやりはじめた仕事に対して自発的に降板を要求することはほとんどない。

〈語録〉『レヴェナント：蘇えりし者』の作業はあまりに大変すぎて、途中、真剣にクビにしてくれと直訴する一歩手前でした。

（映画『Ryuichi Sakamoto: CODA』のためのインタビュー　２０１６年）

二二

芸術

あーと・しーん【アート・シーン】

〈一般的語彙〉芸術界におけるあらゆる「場」のこと。

〈龍一的語彙〉坂本龍一は藝大時代から自身が所属する音楽学部よりも美術学部で時間を過ごすことが多かった。音楽家となって以降も、１９８４年のナム・ジュン・パイクらとの即興セッションや、１９８５年の巨大テレビを使用したパフォーマンス『ＴＶ ＷＡＲ』、１９９９年のオペラ『ＬＩＦＥ』など、音楽とアートを融合させた活動も多い。

〈語録〉大きな災害や戦争など未曾有《みぞう》の出来事が起きれば、誰もが生と死という最も根源的な問いを考えざるを得ないわけで、とくに時代に敏感なアーティストは強い影響を受ける。その新たな流れを言葉で説明するのは難しいですが、あえて言えばｎａｔｕｒｅ（自然）や地球意識のようなもの。自然に対するチャンネルを常に開き、自然が発している声をいつでもキャッチできる意識のあり方というか……。単に美を追求するだけでなく、既成概念を破壊することが20世紀以降のアートの特徴だったとすれば、そのパラダイムが終わりをつげ、新たなアートの概念が生まれ始めている気がします。

（『ビッグイシュー日本版』２０１４年４月１日号）

ぽっぷ・あーと【ポップ・アート】

〈一般的語彙〉１９６０年代にアメリカでおこった、日常的・大衆的な題材や表現を中心とする前衛的な芸術運動。

〈龍一的語彙〉ポップ・アートのイコンであるアンディ・ウォーホルは、１９８０年代に広告の仕事で坂本龍一の肖像を描いたが、その作品の一部は後にロンドンのギャラリーから購入し、現在、ニューヨークの坂本家のリビングに飾られている（映画『Ryuichi Sakamoto: CODA』の１シーンでも登場）。また、ＹＭＯ結成時に坂本龍一が一番驚いたことは、所属レコード会社のアルファレコードの会議室にウォーホルやロイ・リキテンシュタインの原画が飾られていたことで、すごいレコード会社だと思ったとのこと。

〈語録〉僕が通った東京藝術大学に限らず、芸術系の大学は美術学部のほうがおもしろい人間がいるんですよ。僕の頃はアートという概念がどんどん拡がって、当時はポップ・アートとかコンセプチュアル・アートといって、必ずしも絵がうまいことがいいアートに繫《つな》がるわけではないという時代に突入していました。今も続いているその流れの中で、現代美術をやっている人がとくに絵がうまいわけではないし、逆に市井にいる絵のうまい人が必ずしも現代美術ですばらしい作品を作れるわけでもない。そこがおもしろい。今はアートとテクノロジーと音楽を組み合わせたメディア・アートの時代だと思います。僕ももともとコンピューターを使って音楽を作るということをYMOの頃からやってきたわけだし、テクノロジーとアートとは馴染《なじ》みが深く、相性はいいんです。絵がうまいわけでも美術の才能があるわけでもないのですが……。（『SANZUI』2014年4号）

たかたにしろう【高谷史郎】

〈一般的語彙〉アーティスト。1963年生まれ。1980年代よりアーティストグループ「ダムタイプ」のメンバーの一人。テクノロジーを駆使した映像インスタレーション、パフォーマンスを制作するアーティストとしても活躍。

〈龍一的語彙〉高谷史郎との最初のコラボレーションは1999年のオペラ『LIFE』で、以降、2007年の『LIFE - fluid, invisible, inaudible…』、狂言師の野《の》村萬斎《むらまんさい》も加わった「LIFE-WELL」などの『LIFE』から派生した作品、『water state 1（水の様態1）』など、水や霧をモチーフにしたコラボレーション作品を複数共同制作している。『async』や『Year Book』シリーズなど坂本龍一のCD、レコードのジャケットのアート・ディレクションも手がけている。

〈語録〉高谷さんとは1999年のオペラ『LIFE』で知り合い、現在までの間に幾つものコラボレーションを重ねてきたので、2019年のオペラではもう少し総合的なものを作りたいと思っています。お互いの気持ちが合ってきているので。前回から18年経っていて、見識も変わってきて、一緒に京都でお寺を見たりとか、花鳥風月を味わうようになったりとか、能もYCAMで高谷さんとやったことによって、その要素を取り入れてみようと思ったりしている。（冊子『設置音楽』2017年4月）

わいかむ【YCAM】

〈一般的語彙〉山口情報芸術センターの通称。山口県山口市にあるアートセンター。メディア・テクノロジーを用いた新しい表現の探求を軸に活動しており、展覧会や公演、映画上映、子供向けのワークショップなど、多彩なイベントを開催している。

〈龍一的語彙〉これまでいくつかの坂本龍一のインスタレーション作品の発表の場ともなっている。ＹＣＡＭのスーベニアショップのみで限定販売のＣＤなども制作されたことがある。

〈語録〉10年ぐらい前にドイツ人アーティストのカールステン・ニコライと音楽のコラボレーションをやることになった。彼は一方では美術作家でもあるので、ＹＣＡＭで作品の展示をしたんです。それを観にぼくもＹＣＡＭを訪れるようになった。それから縁ができて、２０１２年よりＹＣＡＭ10周年記念として1年間にわたる音楽とアートというテーマでのキュレーションをやりました。（『ＳＡＮＺＵＩ』２０１４年４号）

さうんどすけーぷ【サウンドスケープ】

〈一般的語彙〉騒音などの人工音、風や水などの自然の音をはじめ、社会を取り囲む様々な音環境の総体。カナダの現代音楽作曲家のレイモンド・マリー・シェーファーにより、1960年代末に提唱され、世界中に広まった。日本語訳では「音風景」、「音景」。

〈龍一的語彙〉坂本龍一が近年発表したインスタレーション作品ではサウンドスケープの概念が不可欠のものが多数ある。

〈語録〉サウンドスケープって言葉がありますよね。それってもともと造語で、その言葉を作ったのはカナダ人作曲家のマリー・シェーファー。僕は彼に少なからず影響を受けていて、都市の環境や空間の音の状態を調査するのに興味をもってる。今、アプリなどを使って、その場所の音を収集して、調査することはできるので、それをやりたいと思っています。（冊子『設置音楽』 2017年4月）

おんきょうちょうこく【音響彫刻】

〈一般的語彙〉主に１９６０年から１９７０年代にかけて発展した、音響を発する立体造形作品。

〈龍一的語彙〉１９８４年の、ナム・ジュン・パイク、高橋《たかはし》悠治《ゆうじ》、細野《ほその》晴臣《はるおみ》、立花ハジメらとのステージでは、立花ハジメと三《み》上《かみ》晴子《せいこ》が音響彫刻的なオブジェをステージ上で組み立てて音を出した。また、１９８５年の如月《きさらぎ》小《こ》春《はる》らとのパフォーマンス『マタイ１９８５　その人はなにもしなかった』では、ステージ上に三上晴子作の音響彫刻を設置し、自ら演奏に使用した。

〈語録〉１９７０年の大阪万博の鉄鋼館に出品された、フランスのバシェ兄弟の音響彫刻が、今は、京都市立芸術大学で45年ぶりにリストアされたということを聞き、その音をぜひ新しいアルバムに使いたいと思いました。僕は18歳の時に大阪万博に行って、実際にその彫刻を見ていました。そこで大学のＯＢの高谷史郎さんを通してお願いして、録音してきました。展示されていたのは大学の学生会館のロビーで、普通の建物なので外部の音もどんどん入ってくる。暑い夏の日だったのでセミの声も大きい。建物のドアの隙間を毛布でふさいだり、ノイズの出る会館内の空調をとめてもらったりして、少しでもクリアな音でレコーディングしようと汗だくになりながら叩いたりこすったり。いい音が録れました。（映画『Ryuichi Sakamoto: CODA』のためのインタビュー　２０１６年）

おおたけしんろう【大竹伸朗】

〈一般的語彙〉現代美術家。１９５５年東京都生まれ。武蔵野美術大学卒業後、愛媛県宇和島《うわじま》で制作活動を開始。２００９年、翌年の瀬戸内《せとうち》国際芸術祭に向けて香川県直島《なおしま》に『直島銭湯「I♥湯」』がオープン。日本を代表する現代美術家として注目を集め続ける。

〈龍一的語彙〉大竹伸朗がデザインした限定アート・ボックス仕様の『プレイング・ジ・オーケストラ』は日英米で同時発売された。現在、大竹伸朗のコレクターにも人気の品になっている。

〈語録〉最初に会ったのは『プレイング・ジ・オーケストラ』というアルバムのデザインをお願いした時。あの時、ヴァージンＵＳＡと契約して、向こうが最初に面白いことをやろうって言ってきたんですよ。好きなことをやってくれって。たしかインドに行って、安い包装紙やノートのかっこよさに感激して大量に持ち帰って、デザインに使ってもらおうと大竹さんに渡した。音楽好きの美術家はたくさんいると思うんだけど、大竹さんみたいに音楽が切実な人ってあんまりいないんじゃないかな。逆にブライアン・イーノやデヴィッド・バーンなんかは音楽をやっていても、根っこの部分にアートを感じるね。しかも仰々しく「アートと音楽を融合させよう」とか思ってなくて、普通にやってる。でも日本だと断線してるんだな。（『新潮』2011年1月号　大竹伸朗対談）

こむ・で・ぎゃるそん【コム・デ・ギャルソン】

〈一般的語彙〉日本のファッション・デザイナー、川久保玲《かわくぼれい》が設立したブランド。1973年設立。1981年にパリ・コレクションに進出。ブランド名の由来はフランス語で「少年のように」。2017年に川久保玲にフィーチャーした展覧会が、ニューヨーク・メトロポリタン美術館で開催された。

〈龍一的語彙〉坂本龍一にとって、コム・デ・ギャルソンの創始者である川久保玲は敬愛する存在である。

〈語録〉白か黒だったコム・デ・ギャルソンの服が急に赤を使ったら、昔からのファンがすごい抵抗を示した。「ファン」というのは実はコンサバ。ドアノブを作っている職人さんだったら一貫性がないと困るけどね。アートってそんなもんじゃない。一貫性がないとアーティストが食っていけないなら、中世のギルドとか日本の士農工商と変わらない。（『新潮』２０１１年１月号　大竹伸朗対談）

ぶりてぃっしゅ・こめでぃ【ブリティッシュ・コメディ】

〈一般的語彙〉イギリス文化におけるジョークやユーモア。英文学や演劇文化での言葉遊びの中で培われてきたもので、強い皮肉が込められ、自虐的であり、真顔で発せられることが特徴的。

〈龍一的語彙〉ビートルズとも関係の深い、モンティ・パイソン的な笑いもイギリスならではのものではないかと語ったことがあり、ＹＭＯの３人ともが大きな影響を受けている。

〈語録〉３人の共通点があるとすると、ビートルズですね。リチャード・レスターが監督したビートルズの最初の映画『ビートルズがやって来る　ヤア！ヤア！ヤア！』。なんていうのかな。ブリティッシュな、イギリス風の捻《ひね》った皮肉たっぷりのユーモアに溢《あふ》れた映画で、多分、本人たちもそんな人間で。大体のイギリス人はそうだしね。ものすごくブラックだけど、くすっとさせるみたいなね。なぜか３人とも、この映画に影響を受けていて。何回も観たから、今でもいろんなシーンがビビッドに思い浮かぶしね。小学校５、６年時だったけど。それが３人のお笑いの共通項ですね。共通の仕草とかね。なんていうのかな。ルールというか、コードがあるんです。ビートルズから僕らが受け継いでいる。それは多分、これを観た世代は万国共通なんだと思いますけど。それぐらい強くて。３人でスタジオに入って煮詰まっていても、その感覚がふと出てくるんですよね。で、かなり力を抜けさせてくれる。例えば、ジョンとポールって強い確執があったわけじゃないですか。かなり際どく２人で批判し合っているんですよね。イギリスっぽい言い方で。その感じはＹＭＯにもあって、かなり煮詰まっている時にお互いにチクリと言い合うみたいなことはしていましたね。だから、やっぱり人間が２人とか３人とかいれば、緊張が高まっている時に空気を抜こうとするには、笑いが必要ですよね。

（冊子『健康音楽』２０１６年４月）

あんこくぶとう【暗黒舞踏】

〈一般的語彙〉昭和30年代に土方巽《ひじかたたつみ》を中心にはじめられたダンスの名称で、前衛芸術の一つ。民俗的・肉体的な題材が用いられ、剃髪《ていはつ》、白塗り、裸体で踊る奇抜なダンスは多くの芸術家を魅了した。

〈龍一的語彙〉１９７０年代には新宿で青春時代を過ごし、前衛的な演劇に関わっていたこともあり、暗黒舞踏には馴染《なじ》みが深い。

〈語録〉『戦場のメリークリスマス』のロケ撮影では、日本兵役で柴崎正道《しばさきまさみち》さんという麿赤兒《まろあかじ》さんの大駱駝艦《だいらくだかん》にいた暗黒舞踏家も参加していました。当時はまだ早稲田の学生だったのかな。ある日、昼間の撮影が終わってみんなで宿舎のホテルのプールサイドでのんびりしていた時、彼に踊って見せてよと頼んだら、酔った勢いで本当に服を脱いで舞踏を始めたんです。もちろん白塗りもしていないんですけど、終わった後にデヴィッ

ド・ボウイが「よかったよ！」と柴崎さんを抱きしめたことをよく憶《おぼ》えています。ボウイもパントマイムをやっていたし、感じるものがあったんでしょうね。

（映画『Ryuichi Sakamoto: CODA』のためのインタビュー　２０１６年）

のう【能】

〈一般的語彙〉日本の代表的な古典芸能の一つ。主役《シテ》・脇役《ツレ》などが能面をつけ、はやしや謡曲に合わせて演じ、舞う。大陸から渡来し発達した猿楽、伝統的な田楽を、室町時代に観阿弥《かんあみ》と世阿弥《ぜあみ》が大成した。

〈龍一的語彙〉１９８０年代の作品でも能の掛け声などを部分的に取り込むことはあったが、２０００年代以降はより本質的な能と自身の音楽、アートとの融合を目指している。２０１４年の札幌国際芸術祭のディレクションの際にも、現代芸術としての能の舞台を披露するはずだった（荒天により開催中止）。

〈語録〉最近、能を好きになって勉強しているんですけど、能はもちろん個人練習はも

のすごく厳しくするわけです。一日十何時間も。でも、皆が集まってのリハはほとんどしないんだそうです。本番の呼吸でやらなければいけないんですね。だから一人一人のスキルを持って集まってせーのでバンとやる。そこで初めて一回性の華が生まれてくる。そういう一回性や即興性をあらかじめメソッドとしてとりこんでいる能のすごさを感じます。（『SWITCH』2011年12月号）

らくご【落語】

〈一般的語彙〉演芸の一つ。寄席などで、演者が一人で身ぶりをまじえて語るこっけいな話。おとしばなし。

〈龍一的語彙〉落語の素養がないので、わかりやすいものが好き、とは坂本龍一本人の弁。

〈語録〉昔から三遊亭圓生《さんゆうていえんしょう》が好きで、圓生のDVDボックスセットを注文して観ていました。音楽はふつうの人には癒しになるかもしれないけど、僕にとっては職業なので、聴いた瞬間に譜面が浮かんじゃう。ストレス度が高くて聴けなかった。免疫力を上げるにはとにかく笑うことだと。ひとりで隔離されて治療した時も笑っていました。ちょっと怖いけど（笑）。笑うというのは、形だけ笑顔にしてもいいらしい。脳が察知するから、効果があるんですって。（『婦人画報』２０１６年６月号）

はやしやさんぺい【林家三平】

〈一般的語彙〉落語家。初代・林家三平。１９２５年東京都生まれ（１９８０年没）。本名は海老名《えびな》泰一郎《やすいちろう》。戦後、兵長として復員後、東宝専属である父正蔵《しょうぞう》に入門し、東宝名人会の前座となる。それまでの落語と一線を画す破天荒な「三平落語」で人気者となり、爆笑王と呼ばれた。「どうもスィマセ〜ン！」、「ヨシ子さ〜ん」などの流行語も生みだした。享年54歳。

〈龍一的語彙〉ＹＭＯが１９８０年に発表したミニ・アルバム『増殖』に、林家三平のパロディー〝ハヤシヤマンペー〟のコントが収録されている。演じるのは伊武《いぶ》雅刀《まさとう》。この縁で当時、坂本龍一は林家三平と芸能週刊誌で対談も行った。

〈語録〉大好きなんですよ、昔から。商売柄、人様にたくさんサインは書いているんですけど、自分がサインをもらったのは人生で一度しかなくて三平師匠なんですよ。「どうもすいません」って似顔絵が描いてあるやつで（笑）。ＹＭＯで三平師匠のネタを使わせてもらったことがあって、それが縁なんですけど。後にも先にもサインをもらったのはそれだけだったような気がします。（冊子『健康音楽』２０１６年４月）

しょうてん【笑点】

〈一般的語彙〉日本テレビ系列で１９６６年から毎週日曜日夕方に放送されている演芸バラエティ番組。放送長寿テレビ番組の顔の一つである。

〈龍一的語彙〉坂本龍一が中学生だった時代から続いている長寿番組であり、ニューヨーク移住後も日本との絆《きずな》のひとつとなった存在なのかもしれない。

〈語録〉『笑点』は今でも欠かさず観てますね。ニューヨークでもやっているので、録画して。それぐらいですよ、本当にそのあたりの中学生と同じレベル。志《し》ん生《しょう》とか買ったはいいけど、治療後のぼーっとした頭には難しくて、あんまり追いつけなかったですね（笑）。とにかく、「笑い」は大事ですよね。（冊子『健康音楽』２０１６年４月）

こう【香】

〈一般的語彙〉いいにおい。かおりを出すもの。

〈龍一的語彙〉気に入りの香りは京都の香専門店の白檀《びゃくだん》の香りのもの。

〈語録〉一時期は香りに凝っていて、最近もかつてほどじゃないけど、ステージに好きなお香を焚《た》いておき、同じ香りの粉を自分にも振りかけてステージに向かいます。その匂いを嗅《か》いで、気を落ち着けるんです。粉というのはお坊さんが法要とかに行った帰りに邪気を払うために振りかける塗香。空港の検査とかで説明に困るんですが（笑）。（『SANZUI』２０１４年４号）

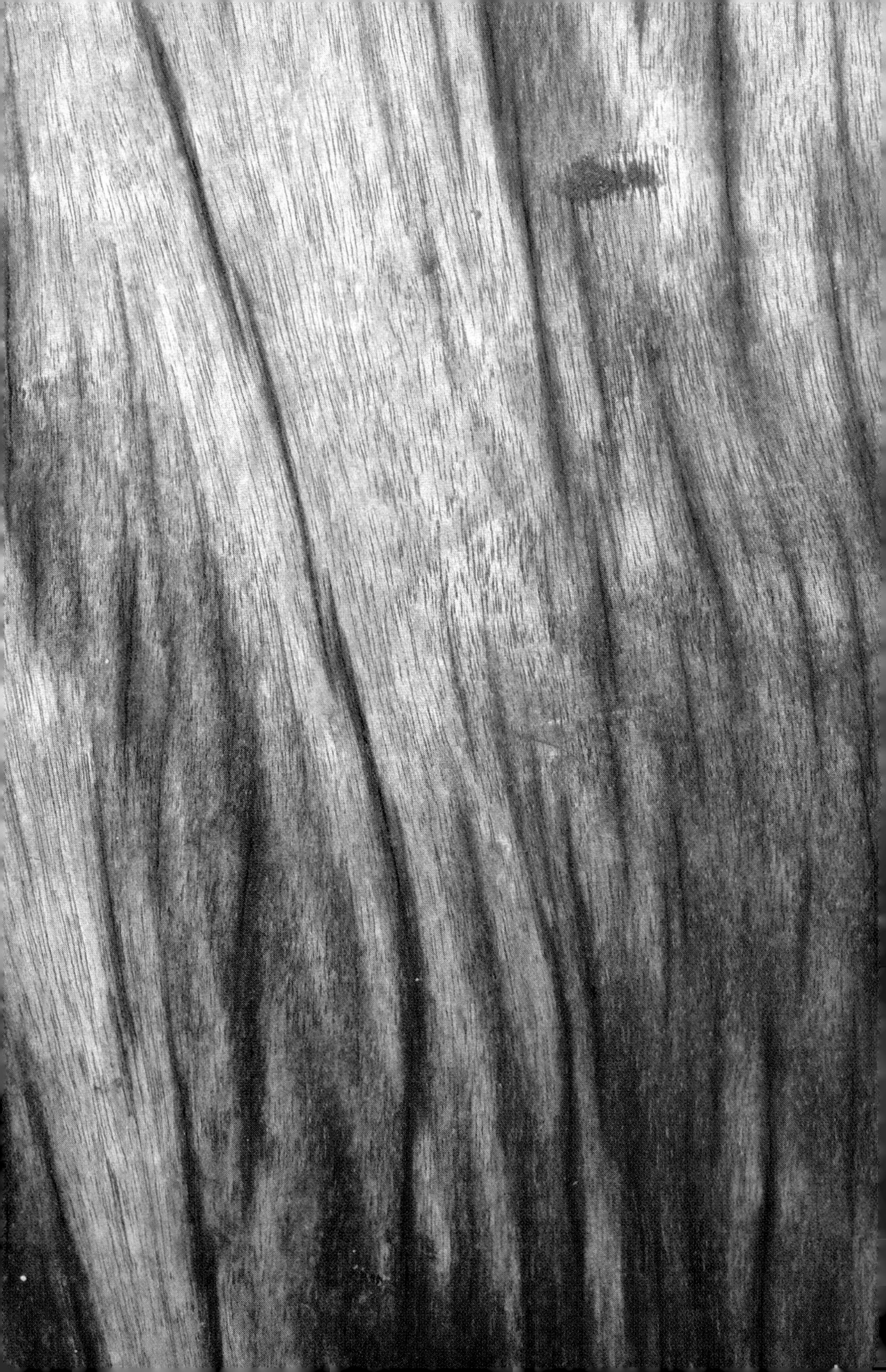

いけばな【生け花】

〈一般的語彙〉草木の枝・葉・花をととのえ花器にさすこと。また、その技術。華道。

〈龍一的語彙〉2009年発表のアルバム『out of noise』のプロモーション・インタビューの際に、自分の今回の音楽は生け花的であるとの説明が多くされた。

〈語録〉生け花だと一本挿してみて、嫌いだったらとっちゃえばいいじゃないですか。あるいは寂しいと思ったら、別の一本を挿してみるとか、簡単に足したり引いたりできる。最近の僕の音の作り方って、それに近いんです。ごろっと音の塊を置いてみて、それだけでも面白いんだけど、違う音を足してみて、しばらく見ていると良い場合も良くない場合もあって、また考える。そういう感じで作りました。

（『新潮』 2011年1月号 大竹伸朗対談）

ちゃわん【茶碗】

〈一般的語彙〉茶をついだり、めしを盛ったりする陶磁器の器。

〈龍一的語彙〉現代美術家の宮永愛子《みやながあいこ》の陶器を使った作品や茶器などには以前より関心を持っている。

〈語録〉最近は自然の音がいいと言っているわけだから、音を発するモノ自体を作ろうという考えもあって、茶碗の割れる音というのもいいかなあ、と。人間はどうもあの音に惹《ひ》かれるらしい。イタリアにも2階から陶器を投げて割るお祭りがあるでしょ。本当はみんな陶器を割りたいけど、もったいないからと我慢してる。だから最初から割ることを前提の茶器などを作って、それを僕の作品として届けるのはどうだろうと（笑）。割れる時の音が僕の作品。（『Six』２０１７年秋号）

はたおり【機織り】

〈一般的語彙〉機で生地を織ること。また、その人。

〈龍一的語彙〉作業中の様子を人に見られないようにする、音楽作りに関して坂本龍一がよく使用する比喩《ひゆ》。

〈語録〉2016年は表に出ている活動が少ないでしょ？ それ以外はずっと籠《こも》って、僕は〝鶴の機織り〟って呼んでいますけど（笑）、本当にそんな感じでずっと制作をしていました。8カ月間、籠っていたんだけど、猛烈にガシガシとやっていたわけではなくて、自分のペースで、ある意味、芸術家っぽく、思いついたら、音を出してみたり、録音してみたり、かなり贅沢《ぜいたく》な時間を過ごしたんですよね。こういう時間は今までにないですよ。僕にとって〝作る〟というのは自分自身が籠って〝鶴の機織り〟のようにひとりで試行錯誤しながらやることが〝作る〟ということ。（冊子『設置音楽』2017年4月）

二三

映画

せんじょうのめりーくりすます【戦場のメリークリスマス】

〈一般的語彙〉1983年公開の映画。監督：大島渚《おおしまなぎさ》／出演：トム・コンティ、デヴィッド・ボウイ、ビートたけし、坂本龍一。

〈龍一的語彙〉坂本龍一の初出演映画であると同時に、初めて映画のサウンドトラックを手がけた作品でもある。サウンドトラックは1983年の英国アカデミー賞作曲賞を受賞した。坂本龍一にとっては、初めての国際的なアワード受賞でもあった。

〈語録〉製作に入る直前に、僕もキャスティングの候補にされているという噂は聞いていたんです。他にも、デヴィッド・ボウイが決まっているとか、北野武《きたのたけし》さんが決まったとも。でもまさか、高校生の頃にあれだけ憧《あこが》れていた大島監督から声がかかるとはまったく思っていなくて、実際、日本人将校の役は沢田研二《さわだけんじ》さんだという噂も流れて、それはそうだろうなあと思っていた時に、事務所に大島渚監督から電話があり、お願いしたいことがある、と。ぜひ事務所に伺《うかが》いたいとのことで、当日、僕はそわそわしながら待機してて、約束の時間近くに窓から外を覗《のぞ》いたら、なんと、本当に大島監督がひとりで

こちらに歩いて来てるじゃないですか。そして会うなり、いきなり単刀直入に「出てくれませんか」です。二つ返事で「はい！」と答えればいいものを、「映画音楽もやらせてくれるならいいですよ」という返事をしてしまった。ねじれた性格なんですね、以前、尊敬する細野さんから単刀直入にＹＭＯへの参加を要請された時と同じく、素直に「はい」と言えないんですね。でも、この時「映画音楽もやらせてください」というお願いを大島監督は即座に了承してくれて、本当にこれがＹＭＯ参加と同様に僕の人生を大きく変えたやりとりでしたね。（映画『Ryuichi Sakamoto: CODA』のためのインタビュー　２０１４年）

ちゅうごくえいが【中国映画】

〈一般的語彙〉主に中国大陸の資本と人材により製作された映画のこと。１９４９年以降最近まで、中国大陸の映画は中国共産党により制約を受けながら成長してきたが、特定の政治的な映画は検閲を受けたり、国内で上映が禁止されてきた。しかし、海外では商業的に流通はされている。２０１０年代から中国映画市場は大成長。アメリカに次ぐ世界第２位となっている。

〈龍一的語彙〉坂本龍一のお気に入りの中国（&台湾）映画はエドワード・ヤン監督の『恐怖分子』『カップルズ』『牯嶺街（クーリンチェ）少年殺人事件』、侯孝賢（ホウ・シャオシェン）監督『非情城市』、陳凱歌（チェン・カイコー）監督の『黄色い大地』『始皇帝暗殺』、張芸謀（チャン・イーモウ）監督の『紅いコーリャン』『紅夢』など多数。

〈語録〉治療が進むと、副作用が辛《つら》くて、本も読めなくなった。唯一できたのはDVDで映画を観ること。〃中国映画祭り〃と称して、チャン・イーモウとかエドワード・ヤンなどの一連の作品を全部観ました。（『婦人画報』2016年6月号）

えいがかんとく【映画監督】

〈一般的語彙〉映画の製作の際に演技指導、撮影、音楽、美術、編集などの総指揮をとる責任者。

〈龍一的語彙〉音楽に対する細かな注文がなかったのは、大島渚監督、山田《やまだ》洋次《ようじ》監督のふたりだけだったという発言がある。逆に、もっとも注文が多かったのはベルナルド・

ベルトルッチ監督。『ラストエンペラー』『シェルタリング・スカイ』でのベルトルッチ監督と坂本龍一の当時のやりとりはドキュメンタリー映画『Ryuichi Sakamoto: CODA』でも多く紹介されている。

〈語録〉『戦場のメリークリスマス』の大島渚さんや、『母と暮せば』の山田洋次さんのような例外を除くと、映画監督ってだいたい、いつもぎりぎりのタイミングで音楽を頼んできます。ベルナルド・ベルトルッチ監督の『ラストエンペラー』なんて、明日から1週間で音楽を作ってほしい、ですよ（笑）。せめて2週間くださいとお願いしましたが。そしてまた、音楽の修正については、映画監督は当然、音楽家ではないから指示は「う〜ん、なんとなくちがうなあ」とかそういう感じの要請であることが多い。

（『NO MUSIC, NO LIFE. Yearbook 2016』２０１６年）

ははとくらせば【母と暮せば】

〈一般的語彙〉２０１５年に公開された日本映画。監督／山田洋次。出演／吉永《よしなが》小百合《さゆり》、二宮和也《にのみやかずなり》など。井上《いのうえ》ひさしの遺志を山田洋次監督が引き継ぎ、舞台は長崎。原爆で亡くなった家族が亡霊となって舞い戻り、その周りで起こる様々な出来事を描く人間ドラマ。

〈龍一的語彙〉坂本龍一は映画『母と暮せば』の音楽を担当。黄金時代の日本映画の音楽の空気を踏襲しつつ、一部で実験的な音響にもトライした坂本龍一による映画音楽は高い評価を受け、病気療養によるブランクを感じさせないものとなった。

〈語録〉病気が発覚する前に、コンサートの楽屋に山田洋次監督と主演の吉永小百合さんがいらっしゃって、そこで音楽の依頼を受けました。このお二人に直接頼まれたら、はいお引き受けしますとしか言えませんよね（笑）。山田洋次監督の『男はつらいよ』シリーズは大好きだし、何より日本映画の黄金時代を知る大監督ですから、まさか僕に音楽の依頼があるとは思ってもいなかった。病気の療養中から、ピアノに向かってモチーフを探りつつ、ゆっくり音楽を考えていきました。病気から復帰しての第1弾の仕事になったので、思い出深い一作になりました。

（映画『Ryuichi Sakamoto: CODA』のためのインタビュー　２０１６年）

れゔぇなんと：よみがえりしもの【レヴェナント：蘇えりし者】

〈一般的語彙〉２０１５年に公開されたアメリカ合衆国の伝記映画。監督／アレハンドロ・ゴンサレス・イニャリトゥ。出演／レオナルド・ディカプリオ。原作はマイケル・パンクの小説『蘇った亡霊：ある復讐の物語』。荒野にひとり取り残されたハンターの体験した過酷なサバイバルと半生を描いたドラマ。ディカプリオはこの作品で第88回アカデミー賞主演男優賞を受賞した。

〈龍一的語彙〉坂本龍一は映画『レヴェナント：蘇えりし者』の音楽を担当。まだ音楽担当が決まる前から、仮編集のフィルムには、坂本龍一のアルバム『out of noise』（２００９年）の曲や、アルヴァ・ノトとのコラボレーション曲が仮のサウンド・トラックとして使用されていた。

〈語録〉身体の調子を探りながら『母と暮せば』の音楽を作っている時に、突然の依頼があったのが『レヴェナント：蘇えりし者』の映画音楽です。２０１５年の5月ぐらいかな。しかもすぐにロスアンジェルスでミーティングして取りかかってくれと言う。病気前の健康だった時でも、ふたつの映画音楽を同時進行で作るなんてしたことはないし、

ましてや療養中です。頭の中で理性は断れと言うのですが、しかし、なにしろ監督のアレハンドロ・ゴンサレス・イニャリトゥは以前から好きな映画監督だったし、前作『バードマン』でアカデミー賞を取ったばかりでエネルギーに溢れている。その新作となれば世界中から注目されることはまちがいない。そういう映画の音楽を作る機会というのは一生に何度あることか、世界中に何万人といる映画音楽の作曲家は、みんななにを犠牲にしても依頼を受けるでしょう。僕もそう。無茶だとはわかっていても悩んだ末に引き受けてしまいました。音楽家の本能ですね。これでガンが再発して死んでも悔いはないぐらいの気持ちでした。（映画『Ryuichi Sakamoto: CODA』のためのインタビュー　２０１６年）

れおなるど・でぃかぷりお【レオナルド・ディカプリオ】

〈一般的語彙〉俳優、映画プロデューサー、脚本家、環境保全活動家。１９７４年アメリカ合衆国生まれ。父親はイタリア人。母親はドイツ人。10代前半から子役としてＣＭで活躍し、その後スクリーンデビュー。代表作は『タイタニック』『ギャング・オブ・ニューヨーク』など。自身の名を冠した環境保護団体も設立している。

〈龍一的語彙〉大物俳優、スターでありながら熱心な環境保護運動の活動家でもあるレオナルド・ディカプリオには親近感を抱いている。

〈語録〉この間、レオナルド・ディカプリオが就任前のドナルド・トランプ大統領に会いに行ったんです。ディカプリオは地球温暖化防止にとても積極的で、本当に全身全霊を懸けてやっているんですが、トランプはああいう人でいろんなことを言ってるけれど、要するに儲《もう》かればなんでもいい人ですよね（笑）。だからディカプリオが会いに行った話の内容を詳しくは知りませんけど、要は「環境のほうが儲かりまっせ」と。トランプも「あ、そうなの？」って反応すると思うんです。実際に雇用も増えるし、あなたも評判がよくなるし、お金も投資すれば儲かる。これからどんどん天井知らずに成長する新しいマーケットなんだから、ってディカプリオは言ったんだと思うんです。

（『SIGHT』 ２０１７年65号）

こーだ【CODA】

〈龍一的語彙〉２０１７年11月から一般公開される、スティーブン・ノムラ・シブル監督の坂本龍一の２０１２〜２０１７年の活動と生活を追ったドキュメンタリー映画。『Ryuichi Sakamoto: CODA』というタイトルは監督の発案によるもの。１９８３年、ブームとなった『戦場のメリークリスマス』の映画音楽をこれで封印＝終章とするという意味で、同映画のサントラ曲をピアノ曲版アルバム『コーダ』としてリリースしたこともある。

〈語録〉僕も最初はそのタイトルはイヤだったんですよ。かなり抵抗した。終章だなんて、なに？　ぼくの人生はもう終わりなの？　って。でも、短くて意味が深くて音楽用語でもあり、覚えやすいということで、それに替わるいいタイトルはないのかなと受け入れました。ま、終章の始まり、これから新しい章がまた始まるんだという気持ちでいこう、と。できあがった映画を観たらけっこう引き込まれました。内容が濃い、詰まっているなと思った。ドキュメンタリー映画は往々にして長くて、そのぶん薄い。どんなによい題材でも2時間、3時間あると退屈してしまう。シブル監督には、だからできるだけ短くしてよと頼んでいたのですが、それを聞き入れてくれたのか簡潔で濃い内容になっていたのでよかった。（『Six』２０１７年秋号）

どきゅめんたりー【ドキュメンタリー】

〈一般的語彙〉作りものではなく、実際にあったことをそのまま記録したもの。

〈龍一的語彙〉すぐれたドキュメンタリー番組を鑑賞することが好きで、近年では『NHKスペシャル　狂気の戦場　ペリリュー〜〝忘れられた島〟の記録〜』が出色だという。自身を主役にしたドキュメンタリー映画『Ryuichi Sakamoto: CODA』に関しては、簡潔にうまくまとまっていてよかったという感想。どんなによいドキュメンタリーでも2時間以上になると退屈しがちだという。

〈語録〉治療中で仕事も何もしていない時、テレビを見ていたらNHKの国際放送で第2次世界大戦末期にペリリューという小さな島で日本軍と米軍の激戦があったというドキュメンタリー番組が始まりました。当時そこにいた日米の元兵士、どちらも90歳ぐらいのおじいさんが再訪してのドキュメンタリー番組なのですが、悲惨な記憶が蘇《よみがえ》って、もう言葉が発せられない。「あ〜」「う〜」しか言えなくなってしまって、人間の感情の発露とは究極的にこのようにならざるを得ないんだ、それは多分、音楽の根源でもあるんだろうということを思い知りました。時間、記憶の厚みがああいう声を出させたんですね。

（映画『Ryuichi Sakamoto: CODA』のためのインタビュー　２０１４年）

NO NU
MORE TRE

写真＝映画『Ryuichi Sakamoto: CODA』より。
©2017 SKMTDOC, LLC
配給：KADOKAWA

二四　文学

なつめそうせき【夏目漱石】

〈一般的語彙〉小説家。１８６７年東京都生まれ。東大卒。自然主義的な身辺の追究に対し、深い教養と広い社会的関心を根底にもつ作風は余裕派とよばれた。漢詩・俳諧《はいかい》・書画をよくしたほか、評論・談話にもみるべきものが多い。近代日本文学の代表的作家。代表作は『坊っちゃん』『吾輩は猫である』。

〈龍一的語彙〉昔から夏目漱石の小説を愛するほか、ロンドン時代の漱石の思索についても共感していた坂本龍一は、２００９年に漱石の『草枕』に想を得た楽曲「hibari」を作り、アルバム『out of noise』に収録した。

〈語録〉夏目漱石は49歳で亡くなっているんですよ。それを知った時にショックで、49歳なんてとっくの昔に過ぎ去っているわけで。今のこの歳から考えると、49歳なんてまだ青いというか若いなあと思える感じなんです、今、64歳ですけど。その49歳で亡くなった人があれだけの物を残し、思索をしている。とても敵《かな》わない感じですよね。

（冊子『健康音楽』 ２０１６年４月）

たかはしかずみ【高橋和巳】

〈一般的語彙〉小説家、中国文学者。1931年大阪府生まれ。同人誌「VIKING」に参加。戦後文学の影響を受け、現代社会の問題について発言をしたり、知識人の存在論的な苦悩や精神のあり方を追究した。代表作は『悲の器』。自ら京大助教授も務めたが、学生闘争で学生側に立ち辞職。39歳で死去。

〈龍一的語彙〉坂本龍一の父の一亀は高橋和巳ともっとも親密な文芸編集者だった。

〈語録〉高橋和巳は何度も家に遊びに来て、親父と朝まで飲んでいたのを子供心に覚えています。高橋和巳がガンになって入院してしまった時は、親父が1年以上、毎日病院に張り付いてました。それぐらい親父は高橋和巳のことが好きだったようです。当時の『文藝』に闘病の経過を載せてもいました。（『週刊金曜日』2013年2月8日号　鈴木邦男対談）

なかがみけんじ【中上健次】

〈一般的語彙〉 小説家。1946年和歌山県新宮市《しんぐうし》生まれ。故郷の紀州熊野《きしゅうくまの》の風土を背景に複雑な人間関係に生きる人々を色濃く描いた作品を発表。ある血族を中心にした「紀州サーガ」と呼ばれる独自の土着的な作品世界をつくりあげた。小説『岬』では戦後生まれ初の芥川《あくたがわ》賞受賞作家となった。

〈龍一的語彙〉 1980年代、坂本龍一は中上健次と何度も対談を行い、社会批評も行っていた。中上健次が若くして急逝しなければ、対談を超える多数のさまざまなコラボレーションが行われていたことは想像に難くない。

〈語録〉 中上健次も割と社会に影響を与えていた人でしたね。僕は中上健次の中で『千年の愉楽』がとくに好きで、本人と映画化しようとしたこともあったんです。若松孝二さんの映画も僕は18、19歳の頃はよく見ていました。エログロものや、もちろん関係するパレスチナのものも見ていました。その若松さんの遺作が中上健次原作の『千年の愉楽』になったことには、ちょっと感慨深いものがあります。

（『週刊金曜日』2013年2月8日号 鈴木邦男対談）

二五
趣味

もの【モノ】

〈一般的語彙〉見たりさわったりすることのできる、形ある対象。物体。物質。また、物品。材料。とくに所有物。

〈龍一的語彙〉坂本龍一にとってはモノ＝自然物であり、モノの音は自然の音でもある。

〈語録〉今回のアルバム（『async』）のテーマとして、最初の4カ月で徐々に浮かんできたのは、〝モノ〟の音ですね。音楽というよりも〝モノ〟が発している音。その音をとにかく聴きたい。自分が一体、何が聴きたいかと思った時に、それが浮かんできたんですね。だから、〝モノ〟の音を聴くことはすごくやりました。気になるモノを見つけたら、それを叩《たた》いたり、擦《こす》ったりしてみたり、マイクを貼り付けて聴いてみたり。外に出る時もいつもマイクを持っていて、歩きながら、いろいろなモノの音を録《と》っていきました。その期間、ちょうどパリに滞在した時も時間があれば、歩いて、モノの音探しに行きましたし、日本に帰った時も新宿駅の雑踏の音を録りに行きました。通勤する人々の会話が横切ったり、電話が鳴っていたり……、たくさん録りました。

（冊子『設置音楽』２０１７年４月）

どくしょ【読書】

〈一般的語彙〉本を読むこと。（角川必携国語辞典）

〈龍一的語彙〉坂本龍一は希代の読書家としても知られている。しかし、あまりの数の蔵書にスペースがなくなり、「断捨離」と称して、一部を手放すことに決めた。しかし、手放す前に「死ぬ前に読んでおく本リスト」を作ったところ自宅に無い本もあり、なお本が増えたという逸話がある。

〈語録〉読書に関しては長い間、その場の興味で必要なところだけ読んでそのまま放置ということや、買ったまま積読《つんどく》の本が多かった。病気療養を機にそれをあらためて、一冊を最初から最後まできちんと読むことにしようと思いました。生涯に残された時間であと何冊の本を読めるのかわかりませんが、好奇心にまかせて新しい情報を断片的にやたらと取り入れるのではなく、ひとつのことに集中する生き方にあらためようかな、と。

（映画『Ryuichi Sakamoto: CODA』のためのインタビュー　２０１４年）

めがね【眼鏡】

〈一般的語彙〉視力を補うなどのために、目にかける器具。もののよしあしを見分ける力。目きき。

〈龍一的語彙〉「地獄目」と自称するほど視力のよかった坂本龍一は、若い頃はファッションとして伊達《だて》眼鏡を着用していたが、40代になって老眼の症状を感じた時からレンズ入りの眼鏡を使用。現在ではトレードマーク的な必要不可欠のものになっている。

〈語録〉自分の音楽は自分のために作っていて、ある種、自己満足の世界なので。極端な言い方をすると、人がどう思おうが仕方がない。もちろん、人のリアクションは気になるし、褒められると嬉《うれ》しいし、けなされると悲しいし、それは人間なんで当然なんですが、人の評価を受けるために作っているわけではないので。まあ、一番の厳しいジャッジは自分の中にあると思っているので、自分の眼鏡に適《かな》うものが作れたと思って、作

業を終わりにして出しているわけなんです。（冊子『設置音楽』２０１７年４月）

てんたいぼうえんきょう【天体望遠鏡】

〈一般的語彙〉宇宙空間にある物体をレンズや鏡を使って、遠くにあるものを大きくして見ることができる装置。

〈龍一的語彙〉坂本龍一の好きな言葉に「天体観測」がある。ただしこれはアメリカではレストランが全面禁煙で、会食時に喫煙者が屋外にタバコを吸いに中座する時に「天体観測」「星を見に行く」と言うことから。

〈語録〉ハワイに来て、長い間、星や月を眺めていなかったことに気づいたので、それから星のアプリをダウンロードして、夜空の星や月を見たりしていますよ。こっちの友人と相談して、望遠鏡を買ったりして、子供みたいに天体に夢中になって（笑）**。小さい頃、僕は天体少年ではなかったんですけど、「星ってすごいなあ」ってずっと眺めています。つくづく、長い間、月も星もゆっくりと見ていない生活をしていたなと感じま**

すね。（冊子『設置音楽』２０１７年４月）

けしょう【化粧】

〈一般的語彙〉顔などにおしろいや紅などをつけて、美しく見えるようにすること。外観をきれいにかざりたてること。

〈龍一的語彙〉ＹＭＯ時代からしばらく、坂本龍一は日常的に化粧をするようになった。パブリック・イメージの坂本龍一を演じるためという発言をしたこともある。映画『Ryuichi Sakamoto: CODA』でインサートされる、１９８０年代の化粧をした坂本龍一の動画は１９８４年にフランス人の映像作家が監督したドキュメンタリー『東京メロディ』から。

〈語録〉１９８０年に『B-2 Unit』を作りにロンドンのエアースタジオに行った時、偶然にも、隣のスタジオでJAPANが４枚目のアルバム『GENTLEMEN TAKE POLAROIDS（孤独な影）』を録音してたんだよね。ある日、デヴィッド・シルヴィアンが僕のところにきて、「こんなタイトルを思いついたんだけど、なんか曲を作ってくれない?」って「TAKING ISLANDS IN AFRICA」と書いた紙を渡されたんです。それでオフの日曜日にJAPANのスタジオに行って、タイトルだけを頼りにひとりでゼロから作り始めたわけ。それがシルヴィアンとの最初のコラボレーションかな。
あの頃、JAPANはみんなお化粧してたけど、僕もあの頃は家からメイクボックス持ってスタジオに行ってた記憶があるなあ。撮影がなくてもお化粧してましたよ。

(『新潮』2011年1月号　大竹伸朗対談)

二六

食

しゅしょく【主食】

〈一般的語彙〉ふだんの食事の中心となる食物。わが国では、ごはん・パンなど。

〈龍一的語彙〉坂本龍一は、病気になる以前、主食としては蕎麦《そば》がいちばん好きだという発言をしていたこともある。

〈語録〉午前中は食事をしない。基本的に一日二食で昼食と夕食のみ。午前中はフルーツとジュースだけで主食は昼。昼にしっかり食べると、夜はそんなに食べられないから前菜程度。ま、ただ付き合いもあって、誰かとレストランに行って前菜だけというわけにもいかないから、どうしても多くなりがちです。ただ、身体のことを考えると前菜程度にしておいたほうがいいし、十分という感じがします。（『Ｓｉｘ』　２０１７年秋号）

にほんしょく【日本食】

〈一般的語彙〉日本風の食事。日本料理。さしみ、てんぷらなど。

〈龍一的語彙〉かつてラジオで「しば漬けが好物」と発言したら、ファンから大量のしば漬けがプレゼントとして送られ続け、同じラジオで「もうしば漬けは送らないでください」と懇願したこともある。

〈語録〉日本人でよかったなあと思うのは、お粥《かゆ》とか流動食のような食べ物は日本食に多いでしょ。あんかけうどんとか、茶碗《ちゃわん》蒸しとか、納豆とか、もずくとか。ヌルヌルしてるものが多くて、これは助かりました。アメリカ人だったらそんなもの知らないから大変だったでしょう、きっと。普通に食事ができるようになって最初に、白いご飯に納豆をぶっかけて食べることができた時の喜びなんてないですよ。

（冊子『健康音楽』２０１６年４月）

はくはん【白飯】

〈一般的語彙〉炊いた白米。

〈龍一的語彙〉坂本龍一の好物は鮨《すし》、蕎麦《そば》、鰻《うなぎ》などが語られることが多く、ふつうの白飯のおいしさに言及されることは少ない。

〈語録〉病気の間は食べ物のことばかり考えていて、自問自答するわけです。お前、人生で今一番死に近づいているのに、食べ物のことばかり考えていいのか、と。そう、もっと深刻にいろいろと考察を深めればいいのに、いざとなるとそれができないんですね。人間って面白いなあ。そしてひととおりの治療を終えて、ようやく普通の白いご飯が食べられた時の喜びたるや！　ただの白飯とお味噌汁《みそしる》だけの食事が本当に嬉しくて。普通の食事ができるということがすなわち健康ということなのだと実感しました。

（映画『Ryuichi Sakamoto: CODA』のためのインタビュー　２０１４年）

たまご【卵】

〈一般的語彙〉鳥・魚・虫のメスが産む、殻や膜につつまれた球形のもの。かえって子になる。ニワトリのたまご。鶏卵。

〈龍一的語彙〉ガン治療が山場を越し、普通に物が食べられるようになった時、坂本龍一が強くリクエストした料理のひとつがオムライスだった。

〈語録〉卵は完全食だから食べるようにと医師から勧められたので治療中から食べていました。（『Six』2017年秋号）

うなぎ【鰻】

〈一般的語彙〉ウナギ科の魚。細長くて、表面はぬるぬるしている。淡水にすむが、産卵は海。近年は養殖も盛ん。土用の丑《うし》の日には暑気ばらいにかば焼きを食べる風習がある。（角川必携国語辞典）

〈龍一的語彙〉坂本龍一は鰻好き。鰻に関しては誇張されたものも含め、いくつかエピソードが残っている。映画『戦場のメリークリスマス』海外撮影中に、キャスト、スタッフに鰻が差し入れられたが、なぜか坂本龍一の分がなくなり、怒って本気で日本に帰ろうとしたなど。鰻の資源危機が明らかになる前は、日本ツアーでの各地で鰻重や名古屋でひつまぶしを食べることを楽しみにしていた。

〈語録〉今、僕が大好きな鰻も絶滅しかかっている。ある生物の種を人間が食べつくして絶滅させてしまうのはとても簡単なことなのに対し、食べるのを我慢して資源を回復させるというのがどんなに大変か。（映画『Ryuichi Sakamoto: CODA』のためのインタビュー　２０１３年）

かつかれー【カツカレー】

〈一般的語彙〉カレーライスと豚カツを組み合わせた日本人のアイデアによって生み出された料理。発祥は浅草《あさくさ》で、カツが載ったライスの上にカレーソースをかけて出したことが由来とされている。

〈龍一的語彙〉治療中の心の支えだったのが、東京の某レストランのカツカレー。しかし、治療後は肉食をやめてしまったので現在食べられないことが悲哀を呼ぶ。現在、その店で誰かと会食する時は、相手にそのカツカレーを薦めて自身はただ眺めて溜飲《りゅういん》を下げている。

〈語録〉口内の痛みがひどくてまともに食事ができない日が続いていた中、治ったら何を食べようかというのが心の支えでした。食べたいものリストを書き出していったら、子供の好物みたいなリストになっちゃって、ちょっと笑っちゃいました。ラーメン、オムライス、カツカレー、カツカレーだもの（笑）。しかも、どこどこのお店のラーメン、オムライス、カツカレーなんていう指定までした。そうこうするうちに我慢できなくなって、日本にあるレストランに連絡して、そのカツカレーを写真に撮って送ってもらいました。それをスマホの待ち受け画面にして毎日眺める日々。子供ですよね（笑）。

（映画『Ryuichi Sakamoto: CODA』のためのインタビュー　２０１４年）

すし【鮨】

〈一般的語彙〉酢と塩・砂糖などで味つけしためしに、魚・貝・野菜などをそえた食べ物。にぎりずし・巻きずし・散らしずし・おしずしなど。

〈龍一的語彙〉２０００年代、坂本龍一がもっとも気に入っていた東京の鮨店（海外移転により現在は閉店）があり、そのおいしさは筆舌に尽くしがたいものだったらしい。ある時、連れて行ってもらった娘のシンガー坂本美雨《みう》はその夜のライヴでこんなにおいしい鮨を食べたと、ネタをひとつひとつ挙げて感動を綴《つづ》る10分にも及ぶ大作の「鮨の歌」を即興的に歌ったほど。

〈語録〉病気後の食生活で一番大きく変わったことは肉を食べるのをやめたことかな。病気になって最初の1年ぐらいは魚も食べなかったのだけれど、どうしても鮨は食べたくて（笑）、魚介類は食べることにしました。（『Six』２０１７年秋号）

おむらいす【オムライス】

〈一般的語彙〉ケチャップ味のチキンライスを薄焼き卵や半熟状の卵で包み込む料理。日本生まれの洋食。

〈龍一的語彙〉カツカレーは食べられなくなったが、来日した際には行きつけのレストランで極小サイズのオムライスをオーダーすることが多い。

〈語録〉ガンの治療を始めて何カ月間もまともなものを食べることができなかったわけですから、やっと痛みが和らいで、最初に何が食べたいかな？　と考えた時に思ったのがオムライスでした。次に食べたかったのは、東京で大好きなレストランのカツカレーです。そのカツカレーの写真を携帯の待ち受け画面にして、毎日、「これが食べられるようにがんばろう！」って治療を耐え抜いたほど食べたかった（笑）。

（冊子『健康音楽』２０１６年４月）

ばなな【バナナ】

〈一般的語彙〉バショウ科バショウ属のうち、食用とする品種の総称。バナナは栄養が豊富で、一年を通して手頃な価格で食べられる果物。バナナの生産地は熱帯、亜熱帯地域に分布し、バナナベルトと呼ばれる。

〈龍一的語彙〉１９８０年代に「ゴリラがバナナをくれる日」というタイトルの曲を発表したことがある。

〈語録〉口の中が一番痛い時、当然食べられるものは限られていますよね。固形物はダメだし、刺激物はダメだし、酸味が入っているようなものも強い反応を起こすので食べられないいんです。普段、甘くて美味《おい》しいなあと思って食べているバナナ。バナナが酸っぱいなんて思わないですよね。だけど、実はちゃんと酸味が入っていて、強い反応を起こさせるんですよ。なので、バナナも食べられなかったんですよ。

（冊子『健康音楽』２０１６年４月）

もずく【海蘊】

〈一般的語彙〉モズク科の海藻。茶色でやわらかくてねばりけがある。食用。

〈龍一的語彙〉坂本龍一は、海藻類は基本的にどれも好き。

〈語録〉（治療中に）もずくも日本から持ってきてくれた知人がいて、お店を開けるぐらい家にありましたね（笑）。もずくは免疫力を高めてくれるらしいんですよ。幸い、ヌルヌルしていて、食べやすいし。ヌルヌル、ズルズルで本当に良かった。

（冊子『健康音楽』２０１６年４月）

おさけ【お酒】

〈一般的語彙〉アルコール分をふくむ飲みもの。とくに、白米を発酵させてつくった日本酒。

〈龍一的語彙〉坂本龍一は、以前はさまざまなお酒を嗜《たしな》んでおり、ウィスキーも好物だった。ある洋酒メーカーのＣＭに出た時は対価のほかに一生分のウィスキーを贈呈されたこともある。

〈語録〉当たり前ですけど、お酒は飲めませんでしたね。そのうち回復してくると、舐《な》める程度と言いますけど、文字通りにペロッと舐めることができるようになったんですね、ある時期から。これが美味《おい》しいんですよね……。こんなに美味しいものかと思いましたよ。はじめて自分はこんなにお酒が好きなんだなと思いました。

（冊子『健康音楽』２０１６年４月）

こーひー【コーヒー】

〈一般的語彙〉コーヒーの木からとれる豆をいって粉にしたもの。また、それに熱湯を注いでこした飲みもの。

〈龍一的語彙〉報道でコーヒーを淹《い》れる坂本龍一の写真を見た坂本美雨は、ＳＮＳ上で「えっ！　できるようになったんだ！」と驚愕《きょうがく》の投稿をしている。

〈語録〉以前はコーヒーをたくさん飲んでいたんですけど、50歳ぐらいから体に悪そうだから、飲むのを控えるようにしていたんです。でも、最近の学説だと一日に４杯まではむしろ健康にいい、免疫力も高めると聞いて「よし！　飲もう！」と、この一年ぐらいでコーヒーを飲み出しました。ありがたいことに近所に美味《おい》しいコーヒー屋さんもできたりして、生まれてはじめてコーヒー豆を買ってきて、自分の手で挽《ひ》いて、淹れているんですよ。最初は手で挽いていたんですけど、ちょっとまどろっこしくなって、自動のものにしてしまったんですが（笑）。自分で豆を選んで、挽いて、淹れて、コーヒーを飲むのが日課になっています。そうすると、好きな豆を挽いて、お湯を淹れ、ポタポタ落ちてきて愛《いと》おしくなってくる。コーヒー豆くんに話しかけたりする（笑）。僕はちょっとナチュラル系が入っているから（笑）、植物とかも話しかけるとキレイに咲くとか思ってもいる。ま、そういう話をすると身内の人たちからも笑われるんですけど、とにかく「豆くん、とてもいい匂いだよ。美味しく入っておくれ」なんて、毎日楽しくコーヒーを淹れています（笑）。（冊子『健康音楽』２０１６年４月）

二七

スポーツ

すもう【相撲】

〈一般的語彙〉土俵の中で組みあった２人の力士が力やわざを出しあって勝負を争う競技。日本の国技とされる。

〈龍一的語彙〉２０１０年頃、Twitter上でASIAN KUNG-FU GENERATIONの後藤正文《ごとうまさふみ》との相撲談義が盛り上がって話題になったこともある。

〈語録〉僕は最近、照ノ富士《てるのふじ》なんですけどね。膝《ひざ》を怪我しちゃってね。力を出し切れずにいるよね。怪我をした時に早めに手術をしたほうが良かったんだろうけど、頑張っちゃったんだよね。ここ2年ぐらいうまくいっていないよね。すごく力のある力士なのにもったいないなあって思っている。あとは宝富士《たからふじ》と千代《ちよ》の国《くに》ですかね。軽量力士の宇良《うら》とか、石浦《いしうら》とかね。宇良はちょっと面白いよね。小さい力士が頑張ると盛り上がるからね。あとは稀勢《きせ》の里《さと》かな。大事なところで負ける癖が直るのかどうかかね。気持ちがね。あと、遠藤《えんどう》。完全に戻ってきたね。大関まで行くんじゃないかな？　勢《いきおい》、隠岐《おき》の海《うみ》、魁聖《かいせい》あたりが大型で似ているんですよね。頑張ってほしいなあ。あと、ブルガリアの碧《あおい》

山《やま》とかも応援している。（冊子『設置音楽』２０１７年４月）

ばすけっとぼーる【バスケットボール】

〈一般的語彙〉１チーム５人ずつで、コートのはしの相手のバスケットにボールを投げ入れ、得点を競う球技。

〈龍一的語彙〉バスケットボールのほか、球技ではサッカーも観るのは好き。野球にはほぼ興味がない。

〈語録〉中学生になって、バスケットをやりたくて部活に入ったんですよね。当時は背も大きい方だったし。でも、突き指するとピアノが弾けなくなるから、ピアノを辞めようと決断をして、辞めさせてほしいって言ったんですよ。すごく怖い先生だったので、勇気をだして（笑）。そして、３カ月ぐらいバスケをやっていたんですけど、そうしたら、胸にぽっかりと穴が空いた感じがして、なんだか寂しくなってきたんです。でも、自分ではなにがそんな気持ちにさせるのかわからなくて……。よくよく考えたら、音楽がなくて寂しいって気づいたんですね。それで、今度はバスケ部を辞めさせてもらって、キャプテンに一発殴られたけど（笑）、今度はピアノの先生にまたやらせてくださいって言ってピアノを再び始めたんです。（冊子『設置音楽』2017年4月）

おりんぴっく【オリンピック】

〈一般的語彙〉世界的なスポーツ競技大会。夏季と冬季があり、それぞれ4年に1度開かれる。五輪大会。近代オリンピック。2020年の夏季オリンピック・パラリンピックは東京で開催されることになっている。

〈龍一的語彙〉坂本龍一は、2011年に起きた東日本大震災の被災者の救済を最優先すべきで、それが終わっていない以上、日本でオリンピックを開催する大義はないという立場を取っている。

〈語録〉当事者を含めて、国の怠慢、行政の怠慢に対して、ちゃんと声を上げて、ちゃんとした住まいを設けさせるということはやるべきことですよね。当事者は一番やるべきだし、耐える必要なんてないし、耐えちゃダメだと思うんです。で、そんなことが置き去りにされている中で、オリンピックをやろうとしているのは本当に信じられないです。

（冊子『健康音楽』２０１６年４月）

二八

宗教・信仰

きりすときょう【キリスト教】

〈一般的語彙〉イエス・キリストを中心として開かれた宗教。仏教やイスラム教と並んで、世界三大宗教の一つ。ユダヤ教から独立、父なる神の正義と愛と平等を説く。経典は聖書（バイブル）。（角川必携国語辞典）

〈龍一的語彙〉イスラム教と同じく絶対神のもとの一神教で、坂本龍一個人としてはなかなか理解しがたいところがある。

〈語録〉個人個人の心の問題と、個と信仰。欧米ではそこに真面目に向きあっている人が多い。いざ何かの大きな政治や社会問題が起きると、判断基準をそうした個の信仰や信念を尊重する、いわば生真面目さが欧米の社会にはあるのかな。それが時に、神と自分との個の関係と信仰において自然を破壊したり、植民地主義に陥ったりすることがある。一方、時の権力者に遠慮なく立ち向かう原動力の支えにもなったりする。

（映画『Ryuichi Sakamoto: CODA』のためのインタビュー　２０１２年）

ぶっきょう【仏教】

〈一般的語彙〉紀元前5世紀ごろ、インドで釈迦《しやか》がおこした宗教。イスラム教・キリスト教とともに世界三大宗教の一つ。心の迷いを捨て、さとりをひらいて仏になることを目的とする。日本には6世紀なかばに、中国・朝鮮を経て伝わった。現在、多くの宗派がある。（角川必携国語辞典）

〈龍一的語彙〉１９６０年代のヒッピーの時代から西洋においても仏教的な考えが浸透していった。しかし、実は19世紀の作曲家ワーグナーのオペラに仏教思想が見えたり、哲学者のニーチェにも影響を与えているというのが坂本龍一の視点。

〈語録〉１９６０年代のヒッピーや、その前の１９５０年代のビートニクくらいから、西洋の文化の中に仏教〜ブッディズムに対する興味が内包されてくる。ビートニク文学のジャック・ケルアックはブッディストだし、作曲家のジョン・ケージも禅の思想に影響を受けていました。19世紀から仏教の西欧への浸透が始まり、20世紀の中頃から一般の人へも次第に拡大していった。（映画『Ryuichi Sakamoto: CODA』のためのインタビュー　２０１２年）

まれびと【客人】

〈一般的語彙〉「稀《まれ》に来る人」の意で、まれに訪れてくる神・または聖なる人を指す。古代人はまれびとを、この世に幸福をもたらすために訪れるとも言っており、日本人の信仰・他界観念を探るための手がかりとして民俗学上重視されている。秋田のなまはげもまれびと信仰のひとつである。

〈龍一的語彙〉中沢新一《なかざわしんいち》との共著『縄文聖地巡礼』で、客人を含む日本の古代文明、日本人や文化のルーツについて考察している。

〈語録〉日本から見ると音楽における黒人文化の過去と現在のつながりという面はなかなか想像しにくい。いまのコンテンポラリーな日本のポップ・ミュージックの地底湖になっているかといえばそうではない。そこは残念なところです。音楽や文化の栄養は海の向こう、海から来る客人＝「まれびと」ですね。自分の足下に巨大な地底湖があるという意識があまりない。沖縄音楽などを例外として、伝統的な邦楽や能、歌舞伎などの要素が取り入れられることはあっても、表層的なものがほとんどですよね。

（『ミュージック・マガジン』２０１６年2月号）

二九

音楽ジャンル

にほんおんがく【日本音楽】

〈一般的語彙〉日本の民族固有の伝統音楽、日本で作曲された曲。雅楽や能楽、琵琶《びわ》楽、尺八楽、箏曲《そうきょく》、三味線楽などの邦楽をいう。アフリカ音楽やヨーロッパ音楽のような強いビートを感じさせない音楽が多いのも特徴。

〈龍一的語彙〉２０１０年代から、坂本龍一は積極的に日本の音楽、邦楽器や音階などを作品の中に組み入れるようになった。笙《しょう》奏者の東野《とうの》珠実《たまみ》が演奏する雅楽の「調子」のＣＤを制作し、そこでリミックスも行うなど、日本の音楽と現代の自分の音楽の融合も積極的に行っている。

〈語録〉「君が代」もそうですけど、明治以降の日本の音楽状況は9割ぐらいが西洋的な音楽なんです。現在もテレビで聞こえてくる99％はそうです。日本人が作った西洋音楽ですよね。ポップスも含めて。今や音楽の言語としては、ほぼヨーロッパ語をみんな喋《しゃべ》ってます。僕もそうだし。ロックやフォークをやってる人たちもそうですね。ＡＫＢもそうです。これは非常に奇妙なもので、日本人はそれと気がつかず、日本語だと思っ

てるんです。実はこれは由々しきことだと思うんです。つまり、三島由紀夫も言っているように、言葉っていうのは文化の中心なんです。音楽が一つの文化だとすれば、話している言語が日本語じゃないわけなんです。ただ、今となっては邦楽の家にでも生まれない限り、伝統的な日本音楽は、誰も身についていません。僕自身も知らないので、それこそ大学に入って世界の民族音楽の一つとして勉強しないとわからない。日本の音楽の歴史は切れてしまっているのです。（『週刊金曜日』２０１３年２月８日号　鈴木邦男対談）

じっけんおんがく【実験音楽】

〈一般的語彙〉現代音楽のスタイルのひとつ。１９５０年代以降のジョン・ケージの導入した用語として知られている。最終的には音響結果を確定せずに作られ、演奏される音楽。ジョン・ケージによる定義は「結果が予知できない行為」。

〈龍一的語彙〉坂本龍一の『B-2 Unit』に引きずられていくような形で、ＹＭＯも実験音楽の時代に入り、１９８１年に『ＢＧＭ』『テクノデリック』の２枚の実験的なアルバムを制作した。

〈語録〉僕のソロ・アルバム『B-2 Unit』（1980年）では、XTCのアンディ・パートリッジにほとんど全曲演奏してもらっているんだけど、エンジニアのデニス・ボーヴェルの知的なダブとかも含めて、あれはロックの形を借りた手作りの実験音楽だったと思うな。素材はロックやレゲエなんだけど、やっていることは現代音楽。ブライアン・イーノが象徴的だけど、アートスクール出身の若いやつがロックのイディオムを使って、ブリコラージュ的にインスタレーションを作るみたいにして音楽を作る流れがあったよね。すごく面白かった。（『新潮』２０１１年1月号／大竹伸朗対談）

ぽぴゅらーおんがく【ポピュラー音楽】

〈一般的語彙〉人気のある、大衆的な音楽。

〈龍一的語彙〉どれほど頻繁に、濃密に関わっていても、坂本龍一にとってポップスは自分の畑ではないという意識がある。

〈語録〉音楽も長いこと余り変わらないですね。もっと予想外の音楽、僕らが思いもつかないような音楽がどんどん出てきて、僕は置いてけぼりになるのかなと思ってたんですけど、そうでもない。未だにロックはロックだし、パンクはパンクだし、ジャズはジャズだし。もちろん、ちょっとしたところで新しいことはありますけど、余り代わり映えしない。人間というか、人類全体の創造性がちょっと落ちてるんじゃないかとさえ思ったりしています。例えば、ダフト・パンクが、「ゲット・ラッキー」のようにナイル・ロジャースを入れてやったって、ソウル系のディスコじゃないですか。こういうのは35年前にぼくたちやってたよ、と。もちろん、録音とか、打ち込みとか、その辺は新しくなってるのかもしれないけど、音楽の骨組みは全く変わってないので、つまんないですよね。古臭い音楽を、ピカピカの新しい録音でやられても、全然良いとは思わない。そうやって、R&Bのバラード系にしても、70年代に確立されたのがいまだに踏襲されてるくらいで、余りにも変わらないから、ぼくはもう民族音楽に近いなとさえ思ってるんです。もちろん、ぼくが最近の人たちをそんなに知らないせいもあるかもしれないですけど。（『esエンタメステーション』2016年4月15日）

でんしおんがく【電子音楽】

〈一般的語彙〉シンセサイザーなど電子的音響装置を使って作曲・演奏される音楽。機械的に音を発生させるので、在来の楽器では得られない音や音組織の可能性が得られる。1950年代のドイツの作曲家・シュトックハウゼンなどが創始者と言われている。

〈龍一的語彙〉東京藝大時代より、民族音楽と並んで坂本龍一が強く関心を持っていたジャンル。既製の楽器にない新しい音色によって得られる可能性や、人力では不可能な演奏の達成など、音楽表現の領域を開くものとして、今日に至るまでの坂本龍一の音楽の欠かせない要素となっている。

〈語録〉その頃にはもう、何百年も続いてきたヨーロッパの伝統的な音楽は袋小路に入り込んでいて、この分野からは新しいものは生まれてこないと思っていたんです。これからおもしろいものが出てくるのは非ヨーロッパの民族音楽と、未知の音色で未知の音楽を作ることができる電子音楽だろうと考えた。18歳、19歳の頃の非常に単純な考えで、今は必ずしもそう思っていませんが、民族音楽と電子音楽に頼らなければ音楽の発展はないとまで信じていた。電子音楽に関しては、理屈から言うと無限の可能性がある。人類がまだ聴いたことのない音色を作ることもできるし、通常の音楽と違ってスケール（音階）の縛りからも自由です。人間の想像を超えたスケールを作ることさえできて、音楽家の思想と想像力次第でなんでもできる。そしておそらく、テクノロジーがさらに進めば民族音楽のゆらぎのある音色やスケール、ピッチなども再現できるはずと考えていました。民族楽器を習得するにはひとつの楽器でさえも長い年月がかかるわけで、それらすべてを電子楽器で再現できれば効率がいいぞ、なんてことまで考えていました。

（映画『Ryuichi Sakamoto: CODA』のためのインタビュー　２０１４年）

てくの【テクノ】

〈一般的語彙〉１９７０年代、ドイツのクラフトワーク、日本のＹＭＯらが中心となって発達したテクノ・ポップは、１９８０年代後半にアメリカやヨーロッパでダンス、クラブ・ミュージックとしてのテクノに継承された。多くが踊るための音楽となり、その流れの末にＥＤＭもある。

〈龍一的語彙〉ＹＭＯ時代に「体操」という身体を動かすためのテクノ曲を作っている。

また、１９８５年には前衛ダンスのためのテクノ・ミュージックを『エスペラント』というアルバムにして発表。来日中のクラフトワークとディスコに行くなど、身体運動とテクノの関係性はよい。ＹＭＯの「ライディーン」は小学校の運動会のＢＧＭとして定番のテクノでもある。

〈語録〉ウォーキングマシンを使って家の中で15分くらい歩くんだけど、一定のリズムでさっさと歩く方がいいから、音楽があった方が乗れるのね。それで無心になれるものをいろいろ試したらテクノだった。似合わないよね、僕がテクノを聴きながら運動しているなんて（笑）。（『婦人画報』２０１６年６月号）

にゅーうぇいぶ【ニューウェイヴ】

〈一般的語彙〉１９７０年代後半以降、パンク音楽によって触発されて発生したロックの総称。イギリスでポストパンク、現代音楽、クラフトワークなどの電子音楽といったさまざまなジャンルの影響によって成立したロックのジャンル。

〈龍一的語彙〉インターネットなど即時的な情報の伝播《でんぱ》のない時代、70年代末にニューウェイヴ音楽に関する情報が断片的に漏れ伝わってきた頃から、坂本龍一は都内の輸入盤店で積極的にレコードを買い集めて情報を収集していた。

〈語録〉僕がロンドンに初めて行ったのはYMOのツアーで1979年。ちょうどパンクからニューウェイヴに変わるころで、東京では熱い情報ががんがん入ってきてたのに、実際に行ってみたら、すごくのんびりしてて、なんか老後にいい街だなと思った記憶があるな。それ以前に、まだニューウェイヴという言葉がない頃、パンクから派生した音楽がニューウェイヴになる前の渾沌《こんとん》とした状況を東京で強く感じていたな。むしろ東京にいるほうが、イメージが肥大化して「すごいことになってる!」と感じてたんだと思う。（『新潮』２０１１年1月号　大竹伸朗対談）

いー・でぃー・えむ【ＥＤＭ】

〈一般的語彙〉エレクトロニック・ダンス・ミュージックの略。電子音を使用した主にクラブ、エンターテインメントの場においてその場で人を踊らせるという目的のもと作られたダンス・ミュージックのこと全般を指す。

〈龍一的語彙〉坂本龍一としては、いまひとつピンとこない音楽とのこと。

〈語録〉最近、EDMが流行《はや》っているみたいだけど、DJがギャラ1億円みたいな感じなんでしょ?（『SWITCH』2016年5月号　真鍋大度対談）

りらくぜーしょん・みゅーじっく【リラクゼーション・ミュージック】

〈一般的語彙〉心身の疲れを癒《いや》すような効果のある音楽。ストレスなどに効果がある環境音楽の一種。

〈龍一的語彙〉坂本龍一の楽曲の多くがリラクゼーション・ミュージックやヒーリング音楽向けにリアレンジのうえカヴァーされている。2000年代初頭、ある温泉旅館では、露天風呂《ぶろ》で「energy flow」が24時間リピート再生されているという報告もあった。

〈語録〉僕個人としては、歯科医院などでかかっているリラクゼーション・ミュージックやヒーリング音楽がとても不愉快でストレスが増してしまうんです。ああいう音楽が流れていると、ガッと立ちあがって、バッと電源を抜きに行きたくなってしまう（笑）。歯医者さんだけでなくて、ヨガとか、マッサージとかでも、ちょっと東洋的だったりする安易な音楽がかかっていると本当に電源抜きたくなっちゃうんですよね。電源は抜かなかったんだけど、あるところでバッハのＣＤが一部分だけ延々とリピート再生されていた時はイライラして、お願いしてリピート解除をしてもらいました。

（冊子『健康音楽』２０１６年４月）

みんぞくおんがく【民族音楽】

〈一般的語彙〉世界の諸民族がそれぞれの自然環境、社会生活、宗教、歴史、思想などを反映させて、またそこから作り上げてきた音楽のこと。各民族がもつ、民族的特徴を示している。

病気に感謝しているって言うと変ですけど、病気はもちろん嫌なことですけど、病気になったのもそれまでの自分の生き方の結果なので、因果応報で言うと原因は自分。自分が日々選択した結果こうなったわけですから。原因は自分にあると思うので、それまでのことを検証し直すというか反省するというか。最初は「どうしてこうなってしまったんだろう?」とシンプルに思いましたけど、思い当たる原因は幾つかあって、すごくいい反省材料ですよね。今までと同じことをしていたら、原因は取り除かれていないから同じことが起こる確率が高いので、やはりもう一度見つめ直す。そういう意味ではとてもいい機会を与えてくれていますね。

――お話ができる範囲で教えていただきたいのですが、ガンになられた原因は何だったんですか?

原因はひとつではなく、複合的だと思っています。ひとつは食事ですね。体というのは自分の食べた物でできているので、その結果ですよね。何を食べたかはその人自身なんです。あとは心の問題もあると思います。精神的な問題というか……、ストレスの影響は大きいですよね。でも、ストレスが無いと仕事はできない。ストレスが一種のエンジンとなって、それによっていい仕事ができるという側面もある。やっぱり最近の仕事を振り返ってみるとストレスがたくさんかかる仕事が続いていたと思いますね。あと、今振り返ると、9・11のストレスはやっぱり大きかったと思います。そして、やはり日本の3・11。それは今も続いています。原発事故と被災地の問題は今も続いていますし、あれ以降の日本の政治状況、社会状況というのもますます悪くなっている。それを考えると非常にストレスです。それに対しては発言もしてきましたし、それから受けるストレスもありますよね。ただ、自分がこう思っているのに、それを声に出してあげないとそれはそれで大きなストレスで。どっちとも言えないですよね。見て見ぬ振りをするのも僕にはできないことですから、これは生きている以上しようがないんでしょうね。ひしひしと迫ってくる環境問題も大きなストレスになっているかもしれません。それを言っちゃあ、ね、今を生きている人みんなガンになんなきゃいけないんだけど。

——死について考えられたり、逆にこの世にもっと生きたいと強く思ったり、心境としては、どのような状態でしたか？

一番思っていたのは、まともなご飯が食べたいっていうことです。治療が終わったら何を食べようかということばっかり考えていました。書き出したら、子供が食べたいようなものばかりで。ハンバーグ、ラーメン、オムライス。あそこのカツカレーが食べたいとか言って、わざわざ店から写真をメールで送ってもらってそれを携帯電話の待ち受けにしたりとかね。真面目に生や死を考えている余裕がないというか。もう一人の自分が見ていて、「お前、自分の人生の中で一番死に近寄った状態でもっと深刻にならぬかい」というような声も出してはいるんですけど、そういう気分にならないみたいですね。だから治療期間が終わって、普通の白いご飯が食べられた時の喜びたるや。普通のご飯とお味噌汁《みそしる》、そんな食事ができる喜び。それが健康というんでしょうね。

——音楽に関してはいかがでしたか？

こんなことになるのは人生に何度もないわけだから、変わっていく日々の気持ちを毎日ちょっとでも書こうと思い立ったのはいいんですけど、全然書けなくて。よく小説家とか作曲家とか死の淵《ふち》で書きましたっていうのが偉いなぁ……、って笑っちゃいけないけど、「どうやったらできるんだろう？」って思いますね。それから気力のせいか、聴きたい音楽が限定されてきちゃう。難しいですね、音楽を聴くというのは。今まで聴き逃していた何とも思わなかった音楽でも病気になったらやたらと感動する音楽とかあったりして、それがもう面白いので病気になってから感動した音楽というリストを作りました。ワーッて感情的になって涙を流すんですよ、聴いていると。それは今までそんなことは無かったような感情で。

（映画『Ryuichi Sakamoto: CODA』のためのインタビュー　２０１５年１月22日）

〈龍一的語彙〉授業をさぼってばかりだった東京藝大時代の坂本龍一だが、民族音楽の授業には欠かさず出席していた。ソロ・デビュー作『千のナイフ』（１９７８年）、ＹＭＯの『テクノデリック』（１９８１年）などの初期の作品から、近年の作品に至るまで、坂本龍一の音楽につねに影響を与えている。

〈語録〉僕は藝大で教えていた小泉文夫《こいずみふみお》さんという民族音楽学者の大ファンで、授業を受けるだけじゃあきたらず、先生のご自宅まで押しかけたりもしました。大学3年生の時には、もう作曲コースはやめて民族音楽の研究者になって一年中世界をフィールド・ワークしていたいなんてまで思ってました。

（映画『Ryuichi Sakamoto: CODA』のためのインタビュー　２０１４年）

ふぉーく【フォーク】

〈一般的語彙〉その時代の民衆の生活から生まれた、作者不明の素朴な歌。ギターなどで弾き語りする。民謡。（角川必携国語辞典）

〈龍一的語彙〉坂本龍一はそれまでフォークが嫌いだった。新宿駅西口のフォーク集会では参加者を殴ってやろうと思ったほど。

〈語録〉1970年代のフォークだと、ブルースやロックと境目のない音楽になっていて、それは友部正人と日本全国を回った時の発見でした。地方に行くと、フォークの人たちだけじゃなくて、ブルースやロックの人もそこにいる。東京でも吉祥寺《きちじょうじ》を拠点とした、高田渡《たかだわたる》さんらの武蔵野《むさしの》タンポポ団のミュージシャンと知りあい、コンサートやレコーディングで伴奏をすることも多くなっていきました。それが僕のプロのミュージシャンとしての第一歩でした。（映画『Ryuichi Sakamoto: CODA』のためのインタビュー　2014年）

はわいあん・ちゃんと【ハワイアン・チャント】

〈一般的語彙〉古代からハワイの民族に伝わる神聖な民謡。祈りをささげるものの総称。メロディよりもその言葉自体が重要視されてきた。

〈龍一的語彙〉坂本龍一はさまざまな音楽ジャンルの中で、ハワイアンとカントリー・

ミュージックだけは馴染《なじ》めないままだったが、近年それが変わってきている。

〈語録〉最近、ブルースに近いようなカントリー・ミュージックは好きになってきました。ハワイアンも、いわゆるリゾート・ミュージック的なハワイアンは相変わらず好きではないのですが、もっと古い原初的なハワイの音楽は大変好きです。今そうした古いハワイの音楽を復興しようという動きがあって、ちゃんと聴いてみるとすごく良いものがある。古代のハワイアン・チャントは素晴らしい。

（映画『Ryuichi Sakamoto: CODA』のためのインタビュー　２０１４年）

えきぞてぃっく・さうんど【エキゾティック・サウンド】

〈一般的語彙〉１９５０、１９６０年代に流行した音楽ジャンルの名称。環境音、動物、蛙《かえる》、虫等の擬音を加え、音楽として完成させた。代表的なアーティストとしてマーティン・デニーなどがいる。

〈龍一的語彙〉ＹＭＯ結成以前に細野晴臣が取り組んでいたのがエキゾティック・サウ

ンドで、ＹＭＯのファースト・アルバム『イエロー・マジック・オーケストラ』もその延長線上にあった。

〈語録〉たぶん、細野さんが当初ＹＭＯで目指していた音楽は、クラフトワーク的なものというよりは、それこそハワイのリゾート・ミュージックのようなエキゾティック・サウンドをコンピューターやシンセサイザーを使って表現することだったと思います。それに対して、僕はもうちょっとシンプルなテクノ・サウンドを目指していて、幸宏《ゆきひろ》は幸宏でまた違うイメージがあったんじゃないかな。バンドってそういうものじゃないかな。（映画『Ryuichi Sakamoto: CODA』のためのインタビュー　２０１４年）

ぶらっく・みゅーじっく【ブラック・ミュージック】

〈一般的語彙〉アメリカの黒人発祥の音楽を表す言葉。特徴は強いビート感・グルーヴ感にある。ブラコン、ソウル、ラップ、ゴスペル、ジャズ、Ｒ＆Ｂなどがこれに含まれる。20世紀の様々な音楽ジャンルに多大な影響を与えた。

〈龍一的語彙〉１９７０年代の坂本龍一が入れ込んでいたブラック・ミュージックはスライ&ザ・ファミリー・ストーンやマーヴィン・ゲイなどで、当時のアレンジャー仕事の多くでブラック・ミュージックを自らの血肉にしようとしていた痕跡《こんせき》が残っている。

〈語録〉１９７０年代、初めてブラック・ミュージックに触れた当時に僕がとらえていたブラック・ミュージックへの理解は、まだまだ底が浅いものだった。その後にブラック・ミュージックはあの頃考えていたものよりも、もっともっと層が拡がっているものだと気づいたんです。ブラック・ミュージックを、狭義の意味で北米大陸に住むアフリカ系の人たちの音楽ということにしても、そこにも様々な種類がある。そのひとつのブルースにしてもアフリカにもともとあった音楽じゃなくて、北米のアフリカ系の人たちが作ったもの。でも、そこには確実にアフリカ音楽が底流にある。アフリカ音楽だけじゃなく、カリブの音楽などからも影響を受けているし、さらにはそこにいろいろなコンテンポラリーな音楽の影響も付与されていくわけだから、あまりにも巨大なんです。ルーツだけを忠実に掘っていってもわからない。さらにはブラック・ミュージックに影響を受けた世界各地の音楽の影響を逆に取り込んだりも日々していますし。

（『ミュージック・マガジン』２０１６年２月号）

ひっぷ・ほっぷ【ヒップ・ホップ】

〈一般的語彙〉 １９７０年代中盤からニューヨークで発生した、アメリカ黒人によるストリート・カルチャー。１９７０年当時、ディスコブームに遊びに行けなかったアフリカ系アメリカ人、ヒスパニック系の若者たちが公園に集まりパーティを始めたことで生まれた文化。ブレーク・ダンスやラップなどが加わった新しいダンス音楽であった。

〈龍一的語彙〉 ＹＭＯ作品の「ファイアークラッカー」、坂本龍一ソロ作品の「Riot In Lagos」のリズム、ビートは今日まで数限りないヒップ・ホップの楽曲にサンプリングされている。

〈語録〉 ヒップ・ホップはブラック・ミュージックでありながら、すでに一種の世界言語になっていますよね。日本のSEALDsのコールもそうだし、「アラブの春」の時にエジプトの若い子たちがヒップ・ホップのビートとラップで政治的なメッセージを発信していたり。アメリカ国内でも同様で、若い知的なラッパーたちが、アメリカの黒人文学の研究をやりながら、ヒップ・ホップを膨大に蓄積されたブラック・カルチャーの文化と直結した表現として行っている。自分たちの背景にある黒人文学や詩、音楽をいわば巨大な地底湖的な供給源として、それとの強い繫《つな》がりを自覚して今の音楽であるヒップ・ホップをやっているんです。（『ミュージック・マガジン』２０１６年２月号）

ぐるーゔ【グルーヴ】

〈一般的語彙〉音楽用語の一つであり、その曲の調子やリズムが合い、雰囲気などが気持ち良く感じられる状態。「ノリ（乗り）」を表す言葉でもある。グルーヴ感の会得は演奏者にとって必要不可欠である。

〈龍一的語彙〉坂本龍一が音楽理論にはないグルーヴの生成について真剣に考察したのは、１９７９年にジャマイカをレコーディングのために訪れた時で、レゲエの独特のグルーヴがどうやって生まれるのか、現地のミュージシャンの一挙手一投足をスタジオで観察し続けた。

〈語録〉2014年にディアンジェロがすごく久しぶりに作品を出したでしょ。あれなんかまさにそう。あのアルバムの最初の2トラックのリズムのグルーヴがおもしろいんですよ。音符的にはドラムと上物がはっきりズレていて、ものすごくヘンなんだけど独特のグルーヴが生まれている。あれこそ機械があってこそ成立した打ち込みならではのグルーヴでしょう。あのズレ方が、じゃあ黒人的かというと、彼らが本来的に持っている生理的なものかどうかはわからない。カッコいいのだけど、それはブラック・ミュージック的にカッコいいのかと考えると非常に難しい議論になってしまう。なにがブラック・ミュージック的なのかが簡単に定義できない時代になっているし、〝白人的〟〝アジア人的〟とはなにかという定義も同様に難しい。みんな混じっちゃってるよね。

(『ミュージック・マガジン』2016年2月号)

おぺら【オペラ】

〈一般的語彙〉歌や音楽を中心にして物語が進行する舞台劇。17世紀初めにイタリアでおこり、ヨーロッパで発達した。歌劇。

〈龍一的語彙〉坂本龍一は若い頃にはオペラという形式には興味がなかったが、１９９９年に向けてオペラの制作を依頼された時に、あらためてオペラという芸術のありようを考察。その結果、最新のテクノロジーや映像も使った自分なりのオペラである『ＬＩＦＥ』を生みだした。

〈語録〉２０１８年はオペラを作る年。１９９９年にやった僕の初めてのオペラである『ＬＩＦＥ』から20年目の２０１９年に向けての新しいオペラ。内容はいままさに構想中ですが、能楽の影響はかなり大きくなるかな。能をそのままやるのではないけれど、西洋と東洋を合体させた形のものになるはず。能楽師にも参加してもらいつつ、メディア・アート的でもあり、パフォーマンスやインスタレーションの要素も当然入る。フラットなスペースでもできれば、ステージの上に載せてもできる、フレキシブルな舞台になるんじゃないかな。高谷史郎《たかたにしろう》さんと組んで作ります。今回は脚本も自分で書こうと思って、書き始めてもいます。生まれて初めての脚本の執筆なので勝手がわからず大変ですが、来年に入ったらすぐに曲作りを始めなきゃいけない。オペラの骨子となる脚本がないと作曲が進まないので、物語と時間の流れに沿った骨子を早く構築しないと。

（『Ｓｉｘ』２０１７年秋号）

じゃず【ジャズ】

〈**一般的語彙**〉19世紀末から20世紀初めにかけて、アメリカ南部の黒人のあいだで始まった軽音楽。躍動的リズムと即興性を特徴とする。

〈**龍一的語彙**〉1970年代、坂本龍一はスタジオ・ミュージシャンとしてポップスやロックの仕事を日中こなし、深夜には阿部薫らと即興ジャズ・セッションを行うのが常だった。

〈**語録**〉**ジャズという音楽は本来はものすごく知的な音楽。当初は世俗的なダンス・ミュージックだったのだけれど、大衆的な黒人文化からは切り離されて洗練された知的な音楽に進化していった。ジャズをやっている黒人ミュージシャンにしてもそうで、マイルス・ディヴィスはドビュッシーやラベル、果てはバルトークやメシアンにも影響されてたっていうし。だから、ジャズは知的な音楽である上に、貪欲《どんよく》なまでに分析的である傾向はもともとあったんです。ただ、一時、ジャズは形骸化《けいがいか》してしまってテクニックは**

すごいけれども、ジャズを発展させることのないプレイヤーがもてはやされるようになった。ジャズって本来、知的ではあっても俗っぽくて、貪欲に雑食的になんでもとりこむ音楽だったはず。新しいことをやって人を驚かせてやろうっていう音楽だったので、奇麗にきちんと過去の形式のまま再現するような姿勢はジャズとは言えないはず。あの頃、ぼくはよく〝ジャズは死んだ〟と連呼していたのだけど（笑）、ああいうのは博物館に入ったジャズのミイラみたいなものでしょう。（『ミュージック・マガジン』２０１６年2月号）

ろっく【ロック】

〈一般的語彙〉１９５０年代なかばのアメリカで生まれた、強いビートと激しいリズムをきかせた音楽や踊り。ロックンロール。

〈龍一的語彙〉まだ無名だった１９７０年代後半、何枚かロックのアルバムのライナー・ノーツを執筆したことがある。

〈語録〉小学校5年生の時にビートルズとローリング・ストーンズが話題になっていた

のでそこから聴き始めて、そこからリアルタイムで追いかけて聴いていきましたね。ビートルズ周辺のリバプールサウンドというイギリスのロックだったり、高校に入ると西海岸のサイケデリックロックみたいなものが流行《はや》ってきて、ジェファーソン・エアプレインとかね。で、高校から大学になる頃にレッド・ツェッペリンかな、ちょうど。それは本当に正しく聴いていましたよ（笑）。1970年代になるとクラウトロックといわれるドイツのロック。それはクラフトワークがまだロックバンドをやっていた時代あたりから。（冊子『設置音楽』2017年4月）

だんす・ばんど【ダンス・バンド】

〈一般的語彙〉ダンスのためにポピュラーな音楽を演奏する音楽家たちのグループ。

〈龍一的語彙〉ＹＭＯ結成当時の坂本龍一は、他のメンバーとともに人間を踊らせるグルーヴを数値的に解析することに夢中になっていた。ディスコ・ミュージックからレゲエ、民謡にいたるまで、リズムの微妙なハネを数値化し、コンピューターに打ち込むことで再現しようとした。

〈語録〉そもそもYMOを作る時に細野さん、幸宏と一緒に冗談めかして言っていたのが〝日本一のダンス・バンドを作ろうよ〟だったんです。打ち込みのテクノではあっても、3人ともグルーヴということには強い関心があったし、その時の〝ダンス・ミュージック〟はすなわちディスコ・ミュージックで、底流にはブラック・ミュージックそのものがある。打ち込みでブラック・ミュージックのグルーヴを作ろうとして、そこは白人的なグルーヴのクラフトワークとの大きなちがいだったんじゃないかな。

（『ミュージック・マガジン』2016年2月号）

三〇

音楽家

めんでるすぞーん【メンデルスゾーン】

〈一般的語彙〉作曲家、指揮者、ピアニスト。1809年ハンブルク生まれ。ドイツロマン派。作品はのびのびとして明るく気品がある。代表作は「真夏の夜の夢」、「ヴァイオリン協奏曲」。生涯は38年という短いものだったが終生ドイツ音楽界の中心として君臨し続けた。

〈龍一的語彙〉メンデルスゾーンのヴァイオリン・コンチェルトが坂本龍一の音楽的ルーツのひとつと言えるのだが、そう思われるのは嫌なので、本当はあまり話したくない。

〈語録〉中野に住んでいた頃、近くに祖父の家もあり、そこに叔父《おじ》さんたちも住んでいた。3人の叔父さんのうち、いちばん下の当時大学生の叔父さんは音楽が好きで、ピアノも弾いたしレコードもいっぱい持っていた。蓄音機までありました。僕は土日になるとその叔父さんのところに遊びに行って、レコードを聴かせてもらうのが楽しみだった。たくさんあるレコードの中からジャケットで選んで勝手に取り出してかけてもらう。そのうちに大好きになっていつもかけてもらうレコードもできた。それはメンデルスゾーンのヴァイオリン・コンチェルトのレコード。今聴くとロマン派の代表的な甘ったるい曲で、なぜこれが好きだったんだろうと思うのだけど、当時のお気に入りでしょっちゅうかけてもらいました。（映画『Ryuichi Sakamoto: CODA』のためのインタビュー　２０１４年）

ぐすたふ・まーらー【グスタフ・マーラー】

〈一般的語彙〉作曲家・指揮者。１８６０年オーストリア生まれ。後期ロマン派においてウィーンで活躍。作曲においては、大規模なオーケストラ構成と声楽パートを含むのが特徴。代表曲は「交響曲第1番ニ長調（巨人）」。

〈龍一的語彙〉子供の頃からマーラーのよさがわからず、退屈にしか聴こえないまま2000年代を迎えた、しかしその後、音楽全集『schola』の監修のためにマーラーを聴き直したところ、新発見があり再評価となった。

〈語録〉マーラーを最近あらためて聴き直しています。先日来、ブーレーズが指揮をしているマーラーの全集を買って聴きこんでいるのだけど、マーラーの音楽って、作曲家よりも指揮者、あるいは演奏家として〝こういう音を鳴らしたい〟っていう気持ちが勝っちゃっているところが随所にある。もちろん、人間である以上は100%を作曲家として生きている人間なんていないし、演奏家や指揮者として曲に向いてもいい。だけど、マーラーの場合は曲によっては演奏家的な気持ちが勝ちすぎちゃっているところがあるなって思う。そっちにずるずると引っ張られて、なまじ曲を書く能力が高いからそれでも曲が成立するように書けてはしまう。実は、演奏家が作る曲はよくないことが多い。

たとえばドビュッシーの評論集を読むと、ウィーン・フィルが来てマーラーの曲を演奏した時に、ドビュッシーは耐えられなくて席を立ったと書いてある。ぼくは10代の頃は本当にドビュッシー派だったから、ドビュッシーやラベルがこんなに精妙な音楽を書いている時代にドミソ音楽だなんてマーラーは気が狂ってるって思って、ドビュッシーの気持ちがよくわかった。だけど、いまはそのマーラーの気の狂い具合を楽しめる。書く技術、複雑性はとにかくすごい。よく考えるとシェーンベルクのすぐ前にマーラーが存在していて、マーラー自身もシェーンベルクが自分の遺志を受け継いでくれる作曲家だと言い残して死んでいるじゃないですか。あとは君に頼んだ的な感じで。事実、あのマーラーの複雑性というのを受け継いだのはシェーンベルクと、それ以上にベルクでしょ。あれは完全にマーラーからの系譜なんだということを、いまは客観的に見られるようになった。そして、その大きな理由のひとつは、やはりブーレーズがマーラーを振ってくれたからだと思う。（坂本龍一×藤倉大対談２０１１年12月　未発表）

ておどーる・あどるの【テオドール・アドルノ】

〈一般的語彙〉哲学者。１９０３年ドイツ生まれ。20世紀を代表する音楽学者としても同時に知られ、ベートーヴェンやマーラーなどの作品から、シェーンベルクなど「新ウィーン楽派」にいたるまでの音楽及び音楽史の読解に独創的なアプローチを用いた。

〈龍一的語彙〉ユダヤ人の哲学者であると同時に作曲家、音楽評論家でもある。第２次世界大戦中にナチスの迫害によって亡命。ジャズ批判の一方で現代音楽の創成に大きな足跡を残すなど、坂本龍一にとって興味深い思想家のひとり。

〈語録〉ドイツの哲学者、テオドール・アドルノはアウシュビッツ虐殺の後、詩を書くことは野蛮であると言った。こう言い換えたい。フクシマの後に声を発しないことは野蛮である。（『東京新聞』２０１２年7月14日）

くせなきす【クセナキス】

〈一般的語彙〉作曲家。１９２２年ルーマニア生まれ。のちにパリに亡命。現代音楽においで特異な位置を占めた。ル・コルビュジェの助手として建築にも携わる。数学を音楽作品に取り入れ、コンピューターを用いた「統計的音楽」を提唱、斬新《ざんしん》な作品を発表。代表曲は「メタスタシス」、「ピソプラクタ」など。

〈龍一的語彙〉作曲にコンピューターを使うという点で、坂本龍一に大きな影響を与えた。

〈語録〉初期の電子音楽とはまたちがって、数学を使って音楽を作る、音色や音響も作る。新しい音色や音響を作るということがイコールになっているということに大きな影響を受けました。このフランスのクセナキスや、アメリカのスティーヴ・ライヒ、フィリップ・グラス、アルバン・ルシエといったジョン・ケージの次の世代の現代音楽、電子音楽には自分の感覚とわりと近いロック的な音響も感じていました。

（映画『Ryuichi Sakamoto: CODA』のためのインタビュー　2014年）

ぴえーる・ぶーれーず【ピエール・ブーレーズ】

〈一般的語彙〉作曲家および指揮者。1925年フランス生まれ。フランス国立音響音楽研究所IRCAMの創立者で初代所長。斬新《ざんしん》な曲作りを展開、旧来の作曲技法に常に問題を提起し、戦後の世界の音楽界に衝撃を与えた。

〈龍一的語彙〉坂本龍一の友人でコラボレーションをした経験もあるDJスプーキーもブーレーズの曲のリミックスを発表したことがある。

〈語録〉ブーレーズは古典的に正統派の曲をきちんと踏まえながら、つまりダルムシュタット的（ドイツの文化都市で音響芸術アカデミーなどがある）な手法を受け継ぎながら、それでもそれ以上のものを作ろうと高齢となった今も新しいものを書いている。ブーレーズ的なものは名前がつけにくいものでもある。それはブーレーズの響きとしか言えない。古典的ながら。でも、それは50年代の音楽の響きとは確実にちがうものになっては

去年から東北ユースオーケストラを始めて、今年3月に初めてのコンサートを東京でやったんです。１００名以上の子供たちが参加してくれて。世間では5年経って、あまりもう東北支援という話は聞かなくなったし、実際に熊本でも地震で被害があったりして、世界中にもたくさん自然災害が起こってるわけなんで、風潮としては、「まだ東北のことをしてるの？」というようなものを感じるんです、僕は。自分でもなんでかな？　と思うんですよ。それはやはりあの3・11の地震と津波とそれから福島の原発事故というものを忘れたくないっていうのか、簡単に忘れられないっていうのかな。忘れないために自分のためにやってるんじゃないかと思うんです。そして、それはなぜかというと簡単で、僕はあれが起こる以前は忘れていたからなんですよ、自然の脅威というものを、自然の力というものを。自然を守ろうということは言っていたわけです。でもそんなもんじゃないと、あの津波が思い知らせてくれたんです。自然に対する畏怖《いふ》も感じる。滅多に感じる事はできないじゃないですか。日々忘れてるし。忘れていることを非難はできないとは思うんだけど、僕は幸いこういう仕事をしているので、日々、あのショックは思い出そうとしています。

――それは何に対してのショックなのでしょうか？

すべてですね。もちろんその自然の力というものはあんまり見ることができないわけで。僕たちは自分たちが作り上げた文明やテクノロジーに囲まれた生活の中で安穏としているわけじゃないですか。その日常が続けば忘れちゃうわけですけど、常に自然というものにはあれだけの力がある。一瞬にして地球上の全生命を死滅させるくらいのことも起こりうるということを忘れたくない。それは、我々の文明がいかに脆《もろ》いかということを忘れたくないということ。そして、それに加えて、自分がそれを忘れていたということもショックなわけです。だから、そのショックは忘れたくないと思っています。

――東北に何度も行かれていますけれども、ここは覚えておきたいというような音や記憶のインプレッションはありますか？

一番強く鮮明にある記憶としては最初にテレビで見た映像ですね。最初に津波が来て、それから次から次へと来て、何が起こっているのかよくわからないくらいのある種不思議な映像というのかな。川とか平野をどんどん水が遡《さかのぼ》っていって、大きな船が押し流されていったり、火災を起こしている家が流されてそのまま海に流されていく、内陸の方に押し上げられていく光景とか。あの日のテレビ映像が一番ショックでした。それもちょっと皮肉であって、テレビって言ったら現代のテクノロジーの一種象徴でもあるわけですけど、生身でこの目で見た光景よりもそのテレビの映像の方がより生々しく記憶としてあるんです。ですけど、そういうこともすべて含めて、忘れたくないんです。まだ仮設住宅に住んでいる方が何万人もいるわけで。その人たちには忘れられないですよね、絶対に。あるいは家族を失った人たちとか、仮設から出て普通に暮らしている人たちだって、たくさん被害を受けているわけですから、忘れようったって忘れられないですよね。だけどそれ以外に住んでいる人は何事もなかったかのように生活しているように見える……、でも、非難する気はないです。僕が忘れたくないだけなんです。現代の文明とか人間が作り上げた科学やテクノロジーというのは脆いものだと十分わかっていたはずなんですよ。言ってみれば偽物。すべてはピアノの音のようにいつかは消え去るものだけど自然は何億年も続いていくわけですから。僕たちが受けたショックが何かってまだまだよく消化し切れてないですが、僕は少なくとも考えたいと思っているんですよね。もう少し意味がわかるまでは。だから、東北ユースをやっているのも、それでやっていると思うんです。単に可哀想だからとかだけではない。そんな同情心だけでは。同情心だけでできる事では続かないですから。東北ユースをやっていることに、「ああ、なるほどそういうことか」と納得してやっています。自分にこういう意味があったんだなということで。それくらい大きなことだったということなんでしょうね、3・11はね。

（映画『Ryuichi Sakamoto: CODA』のためのインタビュー　２０１６年6月11日）

いる。彼の書いている音楽によく出ているけれど、それは、非常にコンセルヴァトワール（パリ国立高等音楽・舞踏研究所）的なもの。まさにメチエ。メチエって書く修業みたいなものだけど、光沢を出すためにひたすら磨くみたいな職人的な修業みたいなところがある。（坂本龍一×藤倉大対談２０１１年12月　未発表）

かーるはいんつ・しゅとっくはうぜん【カールハインツ・シュトックハウゼン】

〈一般的語彙〉現代音楽の作曲家。１９２８年ドイツ生まれ。器楽分野でも空間音楽の理論を展開し、新しい音響の空間配置を獲得。現代音楽の重要な作曲家として、20世紀後半の音楽シーンに大きな影響を与えた。代表作にオペラ『光』など。

〈龍一的語彙〉世界初の電子音楽とも言われる「習作Ⅰ」（１９５３年）、「習作Ⅱ」（１９５４年）など、やはりシュトックハウゼンの音楽は後に電子音楽に進むことになる坂本龍一に大きな影響を与えた。

〈語録〉ジョン・ケージ以降、テリー・ライリーやスティーヴ・ライヒが出てきて、彼らのアンチ・ドミソな音楽を聴くと、シュトックハウゼンらの50～60年代の響きっていうのは、僕の中では保守的な系統に分類されてしまった。ただ、シュトックハウゼンが亡くなる3年ぐらい前に日本でコンサートがあった。その時たまたま日本にいたから観に行ったのだけど、ご本人もちゃんと来てて、客席のほうでミキシングをしていた。でも、あの時の客席の半分はドレッド・ヘアの、レゲエのコンサートに来てるような子たちだった。そんな彼らがシュトックハウゼンの音楽に大熱狂してる。ほんとにわかってるの？　って、まあ、思っちゃうわけです（笑）。この響きの意味はなんだかわかるの？　とか、そう言いたい気にはなっちゃった。（坂本龍一×藤倉大対談２０１１年12月　未発表）

ぐれん・ぐーるど【グレン・グールド】

〈一般的語彙〉ピアニスト。１９３２年、カナダ・トロント生まれ。７歳の時にトロント音楽院に入学。一般的なクラシックのピアニストとは一風異なるレパートリーの持ち主であり、楽曲を分解し、別の形に組み直したかのような前例のないアプローチの視点は、常に聞き手に問題提起をし続けた。代表的なアルバムには「ゴールドベルク変奏曲」など。

〈龍一的語彙〉２００８年から２００９年にかけて坂本龍一がセレクションしたグレン・グールドの名演集『グレン・グールド　坂本龍一セレクション』『同　バッハ編』の２種のＣＤもリリースされており、ブックレットにはグールド研究家の宮澤淳一《みやざわじゅんいち》との対談も収録されている。

〈語録〉２０１７年12月には草月ホールで、グレン・グールドのトリビュート・イベントをやります。２０１７年はグールドの生誕85周年、没後35年という記念の年。グールドの生国のカナダの建国１５０年という年でもある。なにしろ僕は昔からグールドには大きな影響を受けていて、ピアノ演奏ではグールドの真似をして猫背で弾いて先生から怒られたりもしたぐらい（笑）。その恩返しだと思って、イベントのディレクターを引き受けました。ただ、そこではたと困って、グールドは有名でみんな知っているし、普通のことをやってもつまらないだろうと、グールドの音楽、演奏をリワーク／リモデルしようと。グールドの再構築ですね。ドイツのアルヴァ・ノト、オーストリアのクリスチャン・フェネス、クラシックのピアニストでありながらテクノ・ミュージックもやっているフランチェスコ・トリスターノに声を掛けました。ぼくも含めた４人でそれぞれの考えるグールドのリワーク／リモデルのコンサート、トリビュート・イベントをやります。アーカイヴ映像や、グールドが好きだったという映画『砂の女』の上映もして、グールドのいろいろな側面を紹介したい。（『Six』２０１7年秋号）

たかはしゆうじ【高橋悠治】

〈一般的語彙〉ピアニスト。作曲家。１９３８年、東京都生まれ。１９６０年、一柳慧《いちやなぎとし》、小林健次《こばやしけんじ》と「ニュー・ディレクション」を結成。コンピューターを利用した演奏や他の音楽家との即興音楽も行い、近年は日本の伝統楽器と声のための作品を作曲。

〈龍一的語彙〉坂本龍一はもともと私淑していた高橋悠治のレコーディングの見学で日本コロムビアを訪れ、そこで後にソロ・デビュー・アルバム『千のナイフ』を担当するディレクターと巡り合った。

〈語録〉小学校5年ぐらいの時に、高橋悠治さんと一柳慧さんの前衛音楽のコンサートに行ったんですよ。高橋悠治さんは親父の知り合いの知り合いだったので、親父が「若い音楽家の会があるよ」って聞いてきたんです。それで親父は忙しかったので母親が連れて行ってくれたんですけど。行ってみたら、ピアノの中にボールを投げ込んでみたり、目ざまし時計がジリジリ鳴ったりするような前衛音楽で、子供ながらに「これだったら、俺にもできるな」「これでいいのか」「簡単じゃん」みたいなことを思って、好奇心満々ですごく楽しいのと「一体、これはなんだろう？」って気持ちがごちゃ混ぜになったのを鮮明に覚えています。（冊子『設置音楽』２０１７年４月）

じるべると・じる【ジルベルト・ジル】

〈一般的語彙〉ミュージシャン、政治家。１９４２年ブラジル生まれ。60年代に音楽のみでなく、当時軍事政権下にあったブラジル政府に抗議する芸術活動でメッセージを発信し、政治的にも大きな影響を与えた人物。ブラジリアン・ポピュラー・ミュージックの重要人物の一人として評価されている。

〈龍一的語彙〉１９９１年にアート・リンゼイのプロデュースで発売されたブラジルのアーティスト、カエターノ・ベローゾのアルバム『シルクラドー』などで、坂本龍一とジルベルト・ジルは共演を行っている。

〈語録〉僕の知り合いで、ジルベルト・ジルというブラジルのミュージシャンがいるんです。彼はブラジルの緑の党の党員で、文化大臣を務めました。ミュージシャンでも意見持っているのは当然のことだし、そういう活動をすることも恥ずかしいことじゃない。本当に、誰もが自由に自分の意見や主張を持ち、言いたいことを言える社会になればいいと思います。（『THE FUTURE TIMES』２０１２年第2号）

でう゛ぃっど・ぼうい【デヴィッド・ボウイ】

〈一般的語彙〉ミュージシャン、シンガー。１９４７年、英国生まれ。１９７０年代初めに架空のキャラクター〝ジギー・スターダスト〟を演じたアルバムで人気を得た後、音楽性を様々に変遷させて世界的なスーパー・スターとなった。映画俳優としても活躍。２０１６年、ガンにより死去。

〈龍一的語彙〉坂本龍一とデヴィッド・ボウイとの初対面は１９７８年12月、ボウイ来日時の雑誌での対談だった。ボウイはロック、ポップスのみならず民族音楽や現代音楽に造詣《ぞうけい》が深い坂本龍一に興味を持ち、初対面にもかかわらず話題が多方面に及ぶ対談となった。坂本龍一もボウイの洞察力の深さに感嘆し、同時にデビューしたばかりのYMOの音楽性などをボウイに熱く語っている。その後、1983年の映画『戦場のメリークリスマス』で坂本龍一が演じる日本人将校と対峙《たいじ》する英国軍人を演じて話題になった。

〈語録〉僕は、1977年に出た、デヴィッド・ボウイがベルリンで作った『ロウ』と『ヒーローズ』という2枚のアルバムが特別に好きで、今でも好きなんですけれども、そのボウイと映画で共演できるなら、その映画音楽も世界中の音楽ファンに届くだろうなとも思いました。映画の撮影が始まり、南太平洋の島で行われたロケでボウイと会ってみたら、とても気さくな人で、北野武さんも交えてよく話もしたり、一緒にご飯を食べたり、余興で一緒にホテルのバーでロックン・ロールを演奏したりもした。そんな中でサウンドトラックでもなにか音楽的にコラボレーションできないかと訊《たず》ねてみたら、いや、この映画には俳優としてだけ関わりたいんだと断わられてしまいました。それは残念だったんですけど、とてもフランクにつきあったままロケが終わりました。しかし、映画の完成後にカンヌ国際映画祭に『戦場のメリークリスマス』が出品されて、そのセレモニーで再会した時は、撮影の時のフランクさは消えて、これぞまさにスーパー・スターという輝くオーラを発していて、僕はもうびっくりして、この人の本当の姿はあの気さくなボウイなのか、このスーパー・スター然としたボウイなのか、いったいどちらなんだろうと混乱しました。今、思うとそのふたつだけじゃなくて、きっといくつもの人格を持っていたんでしょうね。不思議な人でした。亡くなった後にボウイがガンだったと知りました。病気になった時期も同じようで、たぶん、ニューヨークの同じ病院にかかっていたんじゃないかなと思います。彼の突然の死は本当にショックで、世界中からコメントを求められているのだけど、とてもそんな気持ちの余裕はなくてどこにも応《こた》えていません。1980年代に、映画『戦場のメリークリスマス』を通して、ほんの一瞬だけお互いの人生がクロスした。あの経験は本当に大きな糧になりました。その後は、ずっと気になる存在ではあったけれど、縁がなかった。同じニューヨークに住んでいて連絡を取ろうと思えば取れたのだけど、それをしなかった。今になってみるととても後悔しています。(映画『Ryuichi Sakamoto: CODA』のためのインタビュー　2016年)

ぶらいあん・いーの【ブライアン・イーノ】

〈一般的語彙〉音楽家、作曲家、プロデューサー。1948年、英国出身。実験的要素を含んだ「アンビエント・ミュージック（環境音楽）」の先駆者でもある。プロデューサーとしても多くの楽曲を手掛け、視覚芸術やインスタレーション作品などに参加しアーティスト・シーンにも影響を与える。

〈龍一的語彙〉1970年代にブライアン・イーノがプロデュースしたDEVOやトーキング・ヘッズのアルバム、さらにイーノが全面的に参加したデヴィッド・ボウイのアルバム『ロウ』は坂本龍一に大きな影響を与えている。

〈語録〉未だに初期のソロ・アルバムの『アナザー・グリーン・ワールド』（1975年）という、ちょっとオルタナなふつうのロック・アルバムがいちばんいいアルバムだと僕は思っている。演奏もへたでそれはイギリスのポップスの特徴でもあるけど、ヘタウマな歌もいいし、リズムもタテがあんまり揃っていない整合性のないものだけれど、それもいい味を出している。結局、イーノというアーティストはポップスやロックの世界の人だと思うな。もちろん、アンビエント・ミュージックという言葉を定着させて、『ミュージック・フォー・エアポート』をはじめとした環境音楽のシリーズを作った功績もある。僕は4枚目の『オン・ランド』（1982年）が一番好き。あまり注目されない地味なアルバムで、メロディーもなくただ環境音が鳴っているような感じの作品。しかしあらためてイーノという存在を俯瞰《ふかん》するのはなかなか難しい。イーノがプロデュースした『NO NEW YORK』という1978年頃のニューヨークのニューウェイヴのバンドを集めたコンピレーション・アルバムがあって、僕の友達のアート・リンゼイがいたDNAってバンドもそこに入っている。プロデューサーとしてのイーノの功績は、そういう世界的には無名の新しいバンドを集めてコンピレーションを作ろうと発想したこと。実際、いいコンピレーション作品だった。たぶん各バンドごとに2〜3日ぐらいの録音期間でぱっと作ったんだと思うのだけど、アート・リンゼイに聞いたところ、イーノから声がかかってスタジオに来たけれど、彼はプロデューサーとして何をするでもなく、新聞を読んでただけなんだと（笑）。（坂本龍一×藤倉大対談２０１１年12月　未発表）

すずきしげる【鈴木茂】

〈**一般的語彙**〉ギタリスト、作曲家、編曲家。１９５１年、東京都生まれ。はっぴいえんどの最年少メンバーとしてギターを担当。はっぴいえんど解散後、細野晴臣とともにバンド、ティン・パン・アレーを結成。並行してソロ活動も行い、1975年に渡米し、初のソロ・アルバムを発売した。卓越したギター・テクニックと音楽センスで日本のロック界を牽引《けんいん》し続ける存在である。

〈龍一的語彙〉坂本龍一と鈴木茂とは、1970年代の前半、坂本龍一が藝大の友人の影響でアングラ演劇や小劇場の世界に接近した時に知り合った。鈴木茂からはブラック・ミュージックを教えてもらい、坂本龍一は藝大仕込みの音楽理論を逆に教示した関係。

〈語録〉もともとは70年代前半に鈴木茂からブラック・ミュージックのおもしろさを教えてもらって、その当時はテレビで『ソウルトレイン』を見て黒人の演奏する時の動きを見よう見まねで一生懸命なぞってみたりしていたんですよ。ポップスで基本となるダウン・ビートの1拍目の時に、キーボード・プレイヤーは腰を沈ませながら弾くのか、浮き上がりながら弾くのか、どちらが正しいんだ!? なんて話しながら観るわけ（笑）。当時の日本のディスコには黒人の踊りを見てまねしようとしていた人がいっぱいいたけど、それと同じなんですね（笑）。（『ミュージック・マガジン』2016年2月号）

まつたけひでき【松武秀樹】

〈一般的語彙〉音楽家。1951年、神奈川県生まれ。冨田勲《とみたいさお》に師事し、音楽業界における日本のコンピューター・プログラマー、シンセサイザー・オペレーターの第一人者となった。LOGIC SYSTEM名義でも活動中。

〈龍一的語彙〉坂本龍一のソロ・アルバム『千のナイフ』『B-2 Unit』のほか、YMOのレコーディングやライヴ・ツアーにも参加。

〈語録〉YMOのツアーでの松武さんは大変だったと思いますよ。メモリ機能がないから、YMOのステージで松武さんは次の演奏曲のデータを打ち込んでいるのですが、これがよくトラブルになって。あれはパリだったかな？　ライヴの本番直前にライティングのスタッフが電源を引っこ抜いてしまって、せっかく準備していた1曲目のデータが飛んでしまった。もう冷や汗が出ましたけど、1曲目はもうどうにもならないから2曲目を松武さんが必死で打ち込んで2曲目からMC-8を使ったというようなことも。

（映画『Ryuichi Sakamoto: CODA』のためのインタビュー　２０１４年）

まりあ・しゅないだー【マリア・シュナイダー】

〈一般的語彙〉作曲家。１９６０年、アメリカ生まれ。ミネソタ大学で音楽理論と作曲法を学ぶ。後に、ニューヨークへ移る。ギル・エヴァンス、ボブ・ブルックマイヤーに師事。２００４年に発売された、インターネットのみの限定アルバム『コンサート・イン・ザ・ガーデン』は限定アルバムとして初めてのグラミー賞を獲得。２０１２年待望の初来日を行った。

〈龍一的語彙〉近年注目されているジャズのラージ・アンサンブルには坂本龍一も以前から興味を持っており、デヴィッド・ボウイとコラボレートしたマリア・シュナイダーらの音楽、編曲への関心は高い。

〈語録〉ボウイの新作に協力しているマリア・シュナイダーというジャズの女性音楽家はとても才能がある人だと思います。彼女も非常に分析的に新しいジャズをやっている。

過去のジャズはもちろんだし、ジャズ以外の新しい音楽も積極的に分析して取り入れている。テクノの影響などもあるけれど、いまの時代を生きていればそれは当たり前なんでしょう。100年間のジャズの歴史をルーツとして繫《つな》がりながらも、他の新しい音楽からもたくさんの影響をもらっている。（『ミュージック・マガジン』２０１６年2月号）

かーるすてん・にこらい【カールステン・ニコライ】

〈一般的語彙〉ミュージシャン。１９６５年ドイツ生まれ。電子音楽のレーベル〝ラスター・ノートン〟を主宰し、自身もアルヴァ・ノト名義で作品を多数リリースしている。

〈龍一的語彙〉２０００年代、坂本龍一ともっとも親密にコラボレートをしているドイツの音楽家で、両者のコラボレート作品は『ｖｒｉｏｏｎ』（２００３年）、『ｉｎｓｅｎ』（２００５年）など複数の音楽作品や、映像作品の『ｕｔｐ』など多数。一緒にコンサート・ツアーも行っているほか、美術・映像インスタレーション作家でもあるカールステン・ニコライに、自身がゲストディレクターを務めた札幌国際芸術祭２０１４への出品を要請した。

〈語録〉『レヴェナント：蘇えりし者』では大量の音楽が必要になって、やってもやっても終わらない。体力の不安もあり、いっそ降板を申し出るしかないかと思った時に、イニャリトゥ監督から、カールステンを助っ人に迎えないかという提案があった。実は僕もそのことを考えていたので、嬉しい提案でした。監督は長年僕の音楽を聴いてくれていて、カールステンとのコラボレーション作品も知っていたんです。コラボ作品を仮の音楽として編集段階の映画にも使っていたぐらい。僕もそれに合せて自分の音楽にカールステン的な要素を加えていた途中だったし、その大変な作業をカールステン本人がやってくれるならこんなにいいことはない。たった一個の音を作るのにまる一日かかっていたりしたので、そこをカールステンがやってくれたのは本当に助かりました。彼がいなかったら『レヴェナント：蘇えりし者』の音楽は完成させられなかったんじゃないかな。（映画『Ryuichi Sakamoto: CODA』のためのインタビュー　２０１６年）

ぶらいす・ですなー【ブライス・デスナー】

〈一般的語彙〉ミュージシャン。１９７６年、アメリカ生まれ。アメリカのバンド、

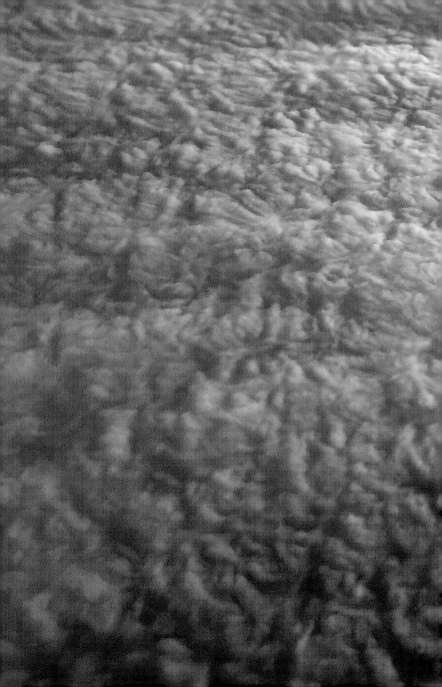

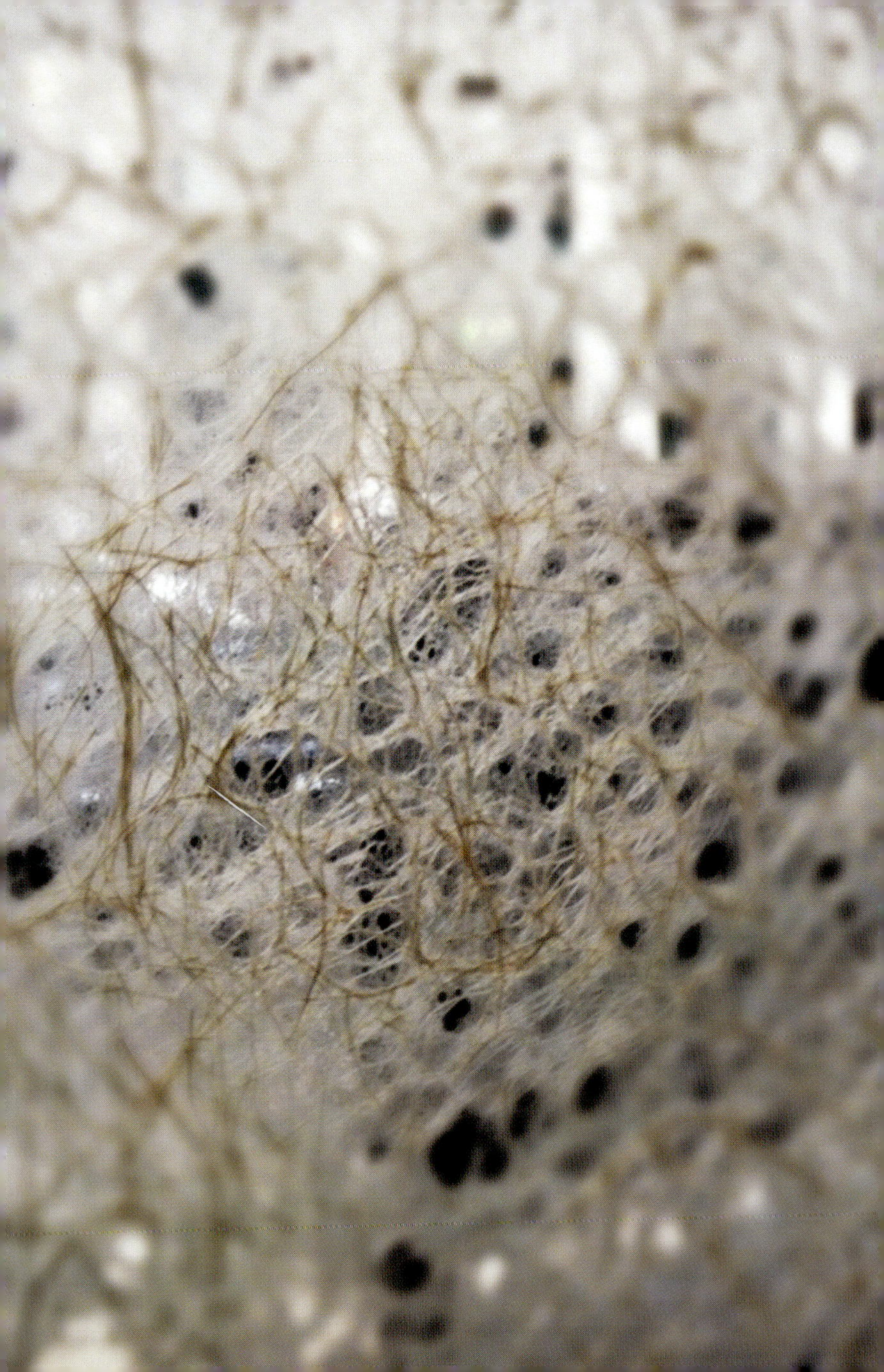

ザ・ナショナルのリードギタリスト他、クラシック音楽の作曲家としても活躍中。

〈龍一的語彙〉ブライス・デスナーは、坂本龍一とも縁のあるクロノス・クァルテットなどともコラボレーションを行っているアーティストでもある。

〈語録〉もともとアレハンドロ・イニャリトゥ監督はブライス・デスナーの音楽も好きで、『レヴェナント：蘇えりし者』の仮編集に彼の音楽が2〜3のシーンで使われていました。本来であればその使われている彼の音楽のイメージを踏襲したオリジナル曲を僕が書くべきなのでしょうけど、それよりいっそ彼本人に書いてもらったほうがいいのではないかと提案しました。デスナーと僕とでは、音楽の書き方も響かせ方もまるでちがうので、結果的、音楽的に正解だったと思います。

（『NO MUSIC, NO LIFE. Yearbook 2016』２０１６年）

くれーじー・きゃっつ【クレージー・キャッツ】

〈一般的語彙〉１９６０年代に一世を風靡《ふうび》した日本のコミックバンド、お笑いタレント。

メンバーはハナ肇《はじめ》、植木等《うえきひとし》、谷啓《たにけい》、犬塚弘《いぬづかひろし》、桜井《さくらい》センリ、安田伸《やすだしん》、石橋《いしばし》エータロー。コントも演じていたが、単なるコントグループとは違い「音楽のセンスの良さ」を兼ね備えていた異色のバンドでもあった。

〈龍一的語彙〉１９８６年のアルバム『未来派野郎』のレコーディングでは、クレージー・キャッツを彷彿《ほうふつ》させるラップ調の曲がデモとしてレコーディングされたが、現在まで未発表のままである。

〈語録〉僕の理想の音楽はクレイジー・キャッツ。自由でお調子者の音楽があふれる平和な時代がまた来るといいな。今はかなり危険な世の中になりつつありますから。

（『No Music, No Life. Yearbook 2016』２０１６年）

はっぴいえんど【はっぴいえんど】

〈一般的語彙〉１９７０年代初頭に日本で活躍したバンド。メンバーは細野晴臣《ほそのはるおみ》、大瀧詠一《おおたきえいいち》、松本隆《まつもとたかし》、鈴木茂《すずきしげる》。ウエスト・コースト・ロックに触発されたサウンドと日本語による斬新《ざんしん》な歌詞で音楽シーンに大きな衝撃を与える。日本語ロックと呼ばれた独自の世界を構築した。

〈龍一的語彙〉 はっぴいえんど活動中は、坂本龍一はフォークやロックに疎く、その存在すら知らなかったが、後に日本のポップスの歴史の上で大きな影響を与えているということを実感。

〈語録〉 1970年代半ばから日本のポップスをいろいろと聴くようになり、そこで初めてはっぴいえんどや、そのメンバーたちのその後の活動を知るようになりました。メンバーの中でも細野晴臣さんが手がけた音楽にはとくに惹《ひ》かれた。ずば抜けて音楽性が高いと感じたんです。この細野さんという人は、世界のポップスのみならず、ラベルやドビュッシーといったクラシックの作曲家も勉強した上でこういう音楽を作っているに違いないと思った。その後、大瀧詠一さんからレコーディングに誘われて、そこで細野さんとも初めて会いました。（映画『Ryuichi Sakamoto: CODA』のためのインタビュー　２０１４年）

じゃぱん【JAPAN】

〈一般的語彙〉デヴィッド・シルヴィアン、スティーブ・ジャンセン兄弟を中心に結成されたイギリスのロックバンド。１９７４年に結成され、１９８２年に解散。先鋭的なサウンドで日本での人気は高かった。

〈龍一的語彙〉JAPAN解散後も坂本龍一とデヴィッド・シルヴィアンとの交友は現在まで続き、坂本龍一のキャリアの要所でコラボレーションを行っている。最新アルバム『async』でもシルヴィアンの詩の朗読の声が使用されている。

〈語録〉JAPANのアルバムは僕もリアルタイムで買いました。なんか引っかかるものがあった。たしかにイギリスではロキシー・ミュージックの真似だと酷評されてた。僕は「いいじゃない」と思ったんだけど、西洋社会では真似を許さないよね。実際に聴いたらロキシーとぜんぜん違うのに、格好や歌い方で物真似扱いしている。そういうやつらの耳の甘さに違和感を持ったな。で、JAPANは2枚目のアルバムの後に「ライフ・イン・トーキョー」っていう12インチを作ったのね。驚いたのはプロデュースがディスコ音楽のジョルジオ・モロダーであることで、ＹＭＯにもっとも影響を与えたのはクラ

フトワークとジョルジオ・モロダーだったから、がぜん興味を持って、僕は日本の雑誌で彼らにインタビューしにいったんだよね。で、会った瞬間に「あ、気が合う」と思って。その頃は英語ができないから、目と目で「友達だね」って感じでしたね。

（『新潮』　２０１１年１月号　大竹伸朗対談）

れでぃおへっど【レディオヘッド】

〈一般的語彙〉イギリスのロックバンド。１９９２年メジャー・デビュー。多様な音楽性や、アルバムごとの急進的な実験性・変化が特徴。

〈龍一的語彙〉新しい音楽にうといことを韜晦《とうかい》とする際によく例としてレディオヘッドを挙げるが、ポップスやロック以外では実は最新鋭の音楽家の作品を聴き込んでいたりもする。

〈語録〉20年ぐらい前だと、もうつい最近って感じなんだよね。レディオヘッドとか、つい最近人気の若いバンドだよねって言ってしまう。Mr.Childrenもそう。彼らももう若手じゃなくてずいぶんなベテランのバンドなんだけど、どうしても若手というイメージが離れない（笑）。（坂本龍一×藤倉大対談２０１１年12月　未発表）

とうほくゆーすおーけすとら【東北ユースオーケストラ】

〈龍一的語彙〉「こどもの音楽再生基金」をきっかけに、２０１３年の9月から10月にかけて、宮城県松島町《まつしままち》にて開催された東北と世界をつなぐ音楽祭でスタートを切った、東北の被災三県の子供たちを中心に構成、企画・編成されたオーケストラ。坂本龍一を代表、監督とし２０１４年に社団法人化された。坂本龍一は子供たちの成長以上に、自分自身の成長を感じるとも発言している。毎年恒例の合宿練習にも積極的に参加している。

〈語録〉子供たちに直した楽器を届けて、また音楽ができるようになって、ブラスバンドだったり、バンドだったり。そして、自分たちはこんな音楽をやっているよ、というお互いを聴くお披露目のコンサートを3年間やってきたんです。3・11のあの状況の中であっても、時間が経つうちに音楽をやることで救われていく。普通の言葉ですが、前向きになっているらしいんですよ。それは大人のうがった見方かもしれないということを念頭にはいつも置いてるのですが、どうやら本当にそうらしい。今後もサポートしたいと思って、今度、東北ユースオーケストラという形に変えて、続けてやろうということになったんです。(冊子『健康音楽』２０１６年４月)

三一
音楽産業

らいう゛・つあー【ライヴ・ツアー】

〈一般的語彙〉ライヴ・イベントで各地を巡回するツアー。

〈龍一的語彙〉坂本龍一の最初の大規模なソロ・ツアーは1986年の『メディア・バーン・ツアー』。2017年現在、最後のツアーは2014年の『プレイング・ジ・オーケストラ・ツアー』となっている。また、最も長期のツアーとなったのは2009年に行った2カ月にわたるヨーロッパでのピアノ・ソロ・ツアーである。

〈語録〉フルのライヴ・ツアーみたいなものは体力的には難しいので、今後予定はなくて、なんて言うのかな……、小さかったり、短かったりしたシチュエーションでの演奏だったり、1回だけのインスタレーションだったりはあるけど、今後、大規模なライヴ・ツアーはないと思うので、自分の家のスタジオでできる作曲やプロデュースの仕事を増やそうとしているかな。（冊子『設置音楽』2017年4月）

たわーれこーど【タワーレコード】

〈一般的語彙〉1960年にアメリカで生まれた大手レコード・CDチェーン。1981年に日本にも本格進出した。2009年に日本以外の国では廃業。しかし日本においては、「NO MUSIC,NO LIFE.」をキャッチコピーに全国で営業中。CDショップの看板やオンラインショップの黄色が目印。

〈龍一的語彙〉2007年に日本のタワーレコードの広告に出演した際、坂本龍一はアメリカなど海外のタワーレコードは終焉《しゅうえん》を迎えつつあるが（2009年に全店閉店）、日本のタワーレコードは元気。そこには音楽産業においてなにかのヒントがあると発言している。

〈語録〉インターネットが出た1995年頃ですが、あの時、すぐにCDはなくなると思っていたので、わざわざ、タワーレコードに言いに行ったことがあるんです（笑）。『なくなりますよ、CDは』と。『次のことを考えたほうが良いですよ』と（笑）。ただ、日本に限っていうと未だにCDがあって、それが良いのか悪いのかはわからないけど、それにしても、音楽をやっていくのが、こんなに厳しい状況になるとは、想像もしませんでした。音楽を作って、それを作品として出して、聴いてもらって食べていくというのは、ほぼ不可能に近い。そのぶん、ライヴをやればいいんでしょうが、みんながみんなやっていけるわけじゃないですし、大変ですよね。

(『esエンタメステーション』 2016年4月15日)

めじゃー・れーべる【メジャー・レーベル】

〈一般的語彙〉音楽市場の売上高で全体のシェアの多くを占めている大手レコード会社のことを指す。中小企業のレコード会社はインディーズ・レーベルと呼称される。日本におけるメジャー・レーベルとは「日本レコード協会」に加盟している会社を表わすことが多い。

〈龍一的語彙〉坂本龍一が契約したヴァージン・アメリカは英国の先進的なレコード会社〝ヴァージン・レコード〟のアメリカ支社。このレーベルからオリジナル・アルバムの『BEAUTY』『ハートビート』のほか、『ラストエンペラー』『シェルタリング・スカイ』など映画音楽のアルバムが世界中でリリースされた。

〈語録〉今ではネットを使えば自由にいろいろなことができますが、当時はまだ自分の音楽を世界の人に届けようと思うとメジャー・レーベルからリリースするしかなかった。でも、予想していた以上にビジネス・ライクで資本主義そのものの土俵でした。僕の担当者はそれでも、僕の音楽を理解しようとしてくれた人たちだったんですが、それでもいろいろ言われた。タイトルはこう変えろとか、リミキサーはあの人を使えとか。これもいい経験だと思ってある程度はそういう要望に応《こた》えたのですが、それでとくにヒットするということはなかったかな。そして、次第に音楽を愛している音楽好きの社員はどんどん居場所がなくなっていって、売り上げの数字だけを重視する人ばかりになっていきました。まあ、もともと僕にはミスマッチな場所だったのですが、非常に商業的な、いわばキャピタリズムの最前線を経験したという感じですね。

（映画『Ryuichi Sakamoto: CODA』のためのインタビュー　２０１４年）

せーるす【セールス】

〈一般的語彙〉販売。売り上げ。

〈龍一的語彙〉坂本龍一は、ファースト・ソロ・アルバム『千のナイフ』の発売時の売り上げが２００枚、その翌年にＹＭＯがリリースした『ソリッド・ステイト・サヴァイヴァー』の売り上げが１２０万枚とレコード・セールスの数字が乱高下する経験をしていた。

〈語録〉例えばひとつの国で１００万枚を売るようなレコードを作ろうとすると、基本的にそれは音楽性を非常に絞ったものにしないとできないと思うんです。それはやりたくない。それよりも同じ１００万枚でも、ある国で10万枚、別の国で10万枚で、10カ国でトータルで１００万枚になればいいのであれば、音楽性の幅がずいぶん自由になると思う。これはＹＭＯの頃からの考えで自分のしたいことをやりつつ、音楽が届けられればいい。今はネットの時代になってメジャー・レーベルと契約しなくてもそれが可能な時代になりました。（映画『Ryuichi Sakamoto: CODA』のためのインタビュー　２０１４年）

そろ・でびゅー【ソロ・デビュー】

〈**一般的語彙**〉グループから一人単位で独立し、音楽活動を開始すること。

〈**龍一的語彙**〉１９７８年リリースのアルバム『千のナイフ』がソロ・デビュー作品。
坂本龍一にソロ・デビューを勧めたのは当時日本コロムビアのディレクターだった斉藤《さいとう》有弘《ともひろ》。１９７７年に坂本龍一が参加した渡辺香津美《わたなべかづみ》のアルバム『オリーヴス・ステップ』での坂本龍一の演奏、アレンジに注目していた。

〈**語録**〉**なぜそんな一般的には無名ないちキーボーディストにデビューのチャンスを与えてくれようとしたのかはわからなかったんですが、自分の名刺代わりの音楽を作ってやろうってはりきりました。スタジオ・ミュージシャンとしての仕事が終わる深夜12時過ぎから、日本コロムビアの小さな誰も使っていないスタジオで朝までこつこつと。10カ月ぐらいかけてデビュー・アルバムを録音しました。**

（映画『Ryuichi Sakamoto: CODA』のためのインタビュー　２０１４年）

れこーどしょっぷ【レコードショップ】

〈一般的語彙〉レコードを販売する店。

〈龍一的語彙〉レコードショップ「芽瑠璃堂《めるりどう》」で出会ったのが、店員をしていた後藤美孝。知り合った当時はウェスト・コースト・サウンドで話が盛り上がっていたが、後に再会した時には後藤はニューウェイヴのレーベル“PASS”を主宰し、坂本龍一にフリクション、Phewのプロデュースなどを依頼した。また、アルバム『B-2 Unit』にも大きく協力した。

〈語録〉大学時代になると、アメリカとかヨーロッパのユニークなレコードの輸入盤屋さんがたくさんできてきた。ディスクユニオンもそうだし、吉祥寺に芽瑠璃堂っていう最新の西海岸の音楽が手に入るお店ができたり、渋谷にCISCOができたりして。青山のパイドパイパーハウスにも行っていましたね。少しずつ毛色が違うお店があって、その頃は真面目にレコードショップに通っていたかも（笑）。ディスクユニオンでクラフトワークを買いながら、吉祥寺の芽瑠璃堂に行って、お店の人にヴァン・ダイク・パークスとかを教えてもらって買って聴いたりもしていたら、ひと月にバラバラのジャンルの音楽のものすごい枚数のレコードを買っていましたね（笑）。（冊子『設置音楽』２０１７年４月）

三二

演奏

えんそう【演奏】

〈一般的語彙〉楽器を使って音楽をかなでること。

〈龍一的語彙〉坂本龍一は、とくにバンド演奏において、ソロ・パートを弾くのはYMO時代から好きではなかったという発言もある。

〈語録〉僕はもうずうっと昔から演奏には興味なくて、とにかくオタマジャクシを置いていけばそれで終わりだと。演奏が多少良かろうが悪かろうがその曲の本質は変わらないみたいなことは本気でずっと思ってた。でも、僕にとって苛酷《かこく》なツアーをピアノ一本で人の前でやってたら、やっぱり演奏のおもしろさっていうか深みっていうか、演奏も音楽を創造しているっていうふうに考えが最近変わってきてね。ハードディスクに焼いちゃったような固定して変えられないものはもちろん演奏ではなくて——それは生きているものではないでしょ？　演奏しなきゃできない音楽っていうのは、初めてそこで生まれるから常に再生される、常にそこで生き直すっていう。で、そっちのほうがおもしろいなあって僕は最近は思ってるんです。（『Cut』２０１３年１月号）

そっきょうえんそう【即興演奏】

〈一般的語彙〉興のおもむくままにつくった、また自由な形式でつくられた演奏。

〈龍一的語彙〉坂本龍一の記憶は薄れているが、1980年代のYMOでは、ライヴ、コンサートの場で時折即興演奏をすることもあった。中でも1981年12月24日にツバキハウスという新宿のニューウェイヴ・ディスコで行われたコンサートでは、当時プラスティックスの立花《たちばな》ハジメ（サックス）、EXの梅林茂《うめばやししげる》（ギター）を交えて即興演奏を行ったことは有名。

〈語録〉音楽って、練習するとどんどん華がなくなっていくんです。ライヴに来ていただくみなさんには申し訳ないけれど、本番が一番いい練習なんですよ。お客さんの厳しい視線に晒《さら》されていないと、本当の意味で練習にならない。YMOの今回のツアーでは、僕の提案で最初に即興をやることにしたんです。今まで三十数年一緒にやってきたのに、YMOで即興をしたことなかったんですよ。それで、6月26日にロサンゼルスのハリウッドボウルでのリハーサルの時に提案して即興してみたら、すごく良かったんです。それが今年のツアーの定番になっていきました。（『SWITCH』2011年12月号）

ぴあのえんそう【ピアノ演奏】

〈一般的語彙〉ピアノという楽器を奏でること。

〈龍一的語彙〉ガンと診断され、治療を始めた頃は、可能性のひとつとしてガンが各部に転移し、ピアノが弾けなくなることも指摘された。坂本龍一は幼稚園の頃よりピアノを習いはじめたので、すでに60年間ピアノを弾いてきたことになる。自分が多少なりともちゃんと弾ける楽器はピアノだけという発言もしている。

〈語録〉（転移の）リスクを避けるためにも医者からは即座の治療開始を勧められました。ガンの場所が咽《のど》ですから、患部の大きさ次第では声帯を傷つける可能性があるとも。ピアノが弾けなくなることが、僕の人生において、あるいは精神においてどれほど重大なことなのかはさておいて、今治療を始めていて、おそらくその心配はなさそうだと、ち

ょっと安心しているところです。（映画『Ryuichi Sakamoto: CODA』のためのインタビュー　２０１４年）

われなんじによばわる、しゅいえす・きりすとよ
【われ汝に呼ばわる、主イエス・キリストよ】

〈一般的語彙〉Ｊ．Ｓ．バッハが作曲した曲「Ich ruf, zu Dir, Herr Jesu Christ（BWV 639）」。

〈龍一的語彙〉坂本龍一がバッハの曲の中でもとりわけ気に入っている作品。大好きなアンドレイ・タルコフスキーの映画『惑星ソラリス』にも使われた。

〈語録〉今作っているアルバムで、このバッハのコラールを使いたいなあ、と思っているんです。もちろんそのままでは使いませんけれど、それぐらい好き。この間バッハのオルガン曲だけの楽譜完全版というのを買いました。全10巻ぐらいある分厚いもの。バッハは教会に居住して、来る日も来る日もオルガン曲を書いていたんでしょうね。バッハが居たライプツィヒの教会は僕も以前訪れたことがあります。で、この「われ汝に呼

ばわる、主イエス・キリストよ」的な曲を自分で新たに書いて、もやがかかったような音像のドローン的というかアンビエントな意匠にしてアルバムに使いたいなと思っているところです。どうなるかな。（映画『Ryuichi Sakamoto: CODA』のためのインタビュー　２０１６年）

めっせーじ・そんぐ【メッセージ・ソング】

〈一般的語彙〉聞き手に訴えたいメッセージを歌詞に乗せて作られた楽曲であり、幅広いジャンルの音楽で表現できる。

〈龍一的語彙〉坂本龍一は音楽にメッセージを持たせることが好きではない。

〈語録〉一概にこうだとは言えないけれど、これからの社会ではメッセージ色の強い音楽が増えていくんじゃないかな。ただ、メッセージ・ソングばかりが必要とされる世の中というのは、戦争のプロパガンダ音楽があふれた戦前戦中の世の中と表裏一体の合わせ鏡みたいな社会。なので、メッセージ・ソングが必要とされない、ラヴ・ソングや不道徳な歌も許される社会であってほしいと思います。

（『NO MUSIC, NO LIFE. Yearbook 2016』　2016年）

めろでぃ【メロディ】

〈一般的語彙〉旋律。節。

〈龍一的語彙〉坂本龍一は「自分はリズム感が弱い」ということを時々発言して、細野《ほその》晴臣《はるおみ》や高橋幸宏《たかはしゆきひろ》から「そんなふうに思ったことはない」と否定されがちでもある。

〈語録〉僕は本当にメロディを作るの下手だってずっと思ってて、苦手意識がすごく強いんですけどね。（『Cut』　2013年1月号）

れんしゅう【練習】

〈一般的語彙〉技術などがうまくなるように同じことを何度もくりかえし習うこと。

〈龍一的語彙〉練習は嫌いだと公言しつつ、実は練習熱心ではないかという疑惑も長年囁《ささや》かれ続けている。また2000年代以降、親しい人と酒を酌み交わすことを飲み会とは言わず「練習の会」と言い換えている。

〈語録〉日本ではピアノの練習の時、卵を摑《つか》むような手で弾きなさいと習う。手の中に卵がすっぽり入って、それが落ちないような形の手の格好で鍵盤《けんばん》を弾けと言われる。でも、僕は悪い癖があって、そういう時小指が立っちゃったりして卵が落ちちゃう。さらに、僕は昔から練習が嫌い。好きな曲は練習しなくてもすぐに弾けてしまうのだけれど、逆に嫌いなものは嫌いだから徹底的に練習しない。頑強に抵抗して練習しないからその曲をよけいに弾けなくなる。中学生時代、ピアノの教室でチェルニーの19番だったかな、半年間弾くことを抵抗したこともあります。ピアノの先生は絶対に僕にその曲を練習させようとするのだけど、僕はいやだから練習しなくて、弾くたびに毎回同じところでつっかえちゃう。半年間、同じ曲を毎週やっていて、最後には先生のほうが折れて、その曲はもういい！　って。勝った（笑）。（坂本龍一×藤倉大対談２０１１年12月　未発表）

へんきょく【編曲】

〈一般的語彙〉ピアノ曲をオーケストラ用にするなど、楽曲を演奏のしかたに合わせて変えること。また、変えた曲。

〈龍一的語彙〉細野晴臣は、坂本龍一に注目したキッカケは、何よりもまず大貫《おおぬき》妙子《たえこ》作品などで発揮された坂本龍一の編曲家としての才能だったと語っている。ちなみに、1979年、「アメリカン・フィーリング」（サーカス）の編曲で、第21回日本レコード大賞・編曲賞を受賞している。

〈語録〉たとえばかつてテクノポップとして書いた曲であっても、オーケストラに編曲しやすい曲もたくさんあって、そうか、この曲はそうしやすいんだなという発見をすることがあるんです。（『SANZUI』2014年4号）

とらんじしょん【トランジション】

〈一般的語彙〉移り変わり、移行、または場面転換。音楽では、楽曲のある部分と他の部分をつなぐ経過部という意味を持つ。

〈龍一的語彙〉成功した形式を繰り返さず、つねに新しい別の何かに移行していくことが坂本龍一の創作人生でもある。

〈語録〉僕はそもそも西洋音楽を下地として学んで来たんだけど、それに対する疑問とか「その次は何か?」って人間であれば考えるわけで、そのための手がかりとか刺激とかを求めたくなっていて、世界のいろんな民族の音楽を聴いたりとか、理屈で考えたりとかしてきているんだと思う。トランジションだね。次へ向かって。

(冊子『設置音楽』 2017年4月)

りずむ・ぱたーん【リズム・パターン】

〈一般的語彙〉楽曲の形態によって示される各種のリズム型を指す。主にリズム・セクションによって連続的に示され、拍子の取り方、ノリ方などの頼りとなる。

〈龍一的語彙〉ＹＭＯの初期は、スタジオで行う作曲作業に関しては音色とリズム・パターンさえ決まればできたようなものだったという発言が残っている。

〈語録〉『千のナイフ』や〝ビハインド・ザ・マスク〟の頃になるとMC-8などのシーケンサーが発達してきたし、リズム・マシンもある。誰しもグルーヴに分析的にならざるを得ない時代になっていたんです。グルーヴィーなリズム・パターンをロジカルに分析しながら組んでいく必要がある。自分が持っている生理と、ボタンを押して組むリズム・パターンをどう整合させるかが重要なんです。もうちょっと後のTR-808の時代になるとさらにそれが進んで、TR-808を操作する時には自分の生理を客観視する作業がどうしても必要になる。現在のPro Toolsを中心としたDAW環境ではさらに複雑になって、どうすれば自分の思うカッコいいグルーヴを数値で作れるかを、若いミュージシャンは試行錯誤しながら作っている。（『ミュージック・マガジン』２０１６年2月号）

ちょうりつ【調律】

〈一般的語彙〉楽器の音を適切な状態に調整すること。

僕たち人間は自然現象を受け取りにくい鈍感な動物になっちゃっているんです。進化の過程で文明のせいで、というか。だから自然の声を聴くなんて言っているけど、聴く能力が無いんですよね、僕なんかも。特に都会で育っていると。聞いたところによると、昔の日本の漁師さんは、空を見て1週間先までの天気がわかったというんですよ。死活問題ですからね。僕たちはもうそういう能力がありません。でも、僕は感じたいんですよ。今日ただこうしていても、何を感じているとか、太陽との関係でどういう活動をしているとか。それを音に変換したらわかるし、感じることができる。「あ、活発なんだね」とか、「今、寝ているんだな」とか。それで僕がやっているのは、自然を見る時のセンサーがないから、デジタルやいろいろな道具を使って、理解できるように翻訳していきたい、伝えたいという発想からなんです。ニューヨークも東京も、大きなビルは硬い頑丈なガラスで遮断されていて、自然が入ってきません。鳥も入ってこないし、風も感じられない。だから、温度も湿度も管理されていて、外の温度もわからないと。匂いもしない。なぜかそういう文明を選んでいるわけです、僕たち人間は。それはつまらないので、じゃあ、デジタル技術で風を感じようっていうことをやってみたり。それが良いかどうかは別にして、デジタル技術が一種の窓になって、風なら風をその窓を通過して中の人にも感じられるようにしようという発想で作ったこともあります。そして風の状態を音に変換して。あと光でもやったことがあります。そうやって感じられない僕たち人間に何かの技術を使うことで自然の状態を少しでも感じられる、受容できるようなもの、それはできるんじゃないかと思っています。

――自然の中でメトロノーム的なものも無いでしょうし。木と森の関係で言っても微妙に微細に違うリズムと言っていいのかわからないですが、集合体としてまとまりがないハーモニーが共存なんだと思うんですけれども。

なぜか人間はシンクロナイゼーションしているものに快感を感じることが多いんですよね。オーケストラがジャン！　と一緒になると「ワー！」ってなったり。これは本能だと思うんですよ。理屈では説明ができない。人間は面白い動物でランダムな自然の中にもシンクロナイゼーションを見つけようと努力する。見つかると喜ぶわけ。だから、「ａｎａｌｏｇｙ」という言葉もあるように自然の中にパターンを見つけて、意識の中でシンクロナイゼーションさせる。そうすると人間の脳は快感を覚える。何かわかったような気になる。それが良いとか悪いとかではなくて。僕たちは「自然とはこういうものだ」って何となく了解しているけれども、勝手に解釈しているだけで実像とイコールとは言えないと僕は思うんです。自然っていうものは、見方によって、どういう風にでも見ることができるし、捉《とら》えられるものじゃないかなと思っています。その自然の中のランダム性も人によっては、ランダムなんだけど、シンクロして見えることもある。だから素晴らしいっていう人がいる。よく例に出されるのは、大きな木に蛍が何千匹と止まっていて、最初はバラバラに光っているんだけど、そのうちシンクロし出す。そういう現象は確かにあるんですけども、美しいと言うわけ。僕の中にもそれはそれで面白いと思える気持ちもあるんですけど、僕はそれよりもそれはその進行していることに美しさを見出《みいだ》すという人間の特性なんじゃないかなと思っています。森の中には木がたくさんあって、それぞれ微妙に異なって、それぞれのサイクルで生きているはずなんだけど、協和的と言うのか、全体でひとつの流れを作り出している。霧や雲も、ひとつひとつ分子で見るとバラバラに動いているけど、全体としてひとつの大きな流れ、大きな傾向を生み出している。それはとても面白いことだと思います。だから僕も『ａｓｙｎｃ』で非同期系の音楽を作る時に、ただランダムであれば良いというのであれば、僕も面白くなくて、何かそのランダムで非同期で進行しているんだけれども、ひとつの音楽になっていてほしいと。もしかしたらそれは、あの雲みたいな状態と近いのかなと思いますけどね。

（映画『Ｒｙｕｉｃｈｉ Ｓａｋａｍｏｔｏ： ＣＯＤＡ』のためのインタビュー　２０１７年４月15日）

〈龍一的語彙〉坂本龍一はピアノの調律に対しては厳密でこだわりのあるピアニストとして知られてきた。しかし今は考えが変わり、人間が調律しないピアノの響きを生かすために自宅にある1台については調律をやめている。

〈語録〉周囲の人工物の中で、身体だけが丸ごとの自然。その身体に入る空気や水や食物は、自然のものを自然である身体に取り入れてまた排出するという自然の循環なんです。そしてたとえばピアノという楽器も、もとはといえば自然物の集まりでできている。自然のものを集めて、人間がむりやり造形したもの。そうした人工物であるピアノも、人間が手を触れないで放っておけば、何百年かかけて分解されて自然のものに還《かえ》っていく。錆《さ》びたり腐ったり、形も崩れて朽ちる。たとえば、ピアノという楽器は定期的に調律をしないでいると音程が狂っていく。しかしこの音程というのは人間が勝手に決めただけで、自然にとってはなにも狂っていない。むしろ自然な音とも言えるので、ぼくとしてはピアノに自然な音を出させてあげたいという気持ちになってきた。

（『Six』 2017年秋号）

ますたりんぐ【マスタリング】

〈一般的語彙〉音源制作においての最終工程。完成に向けて、描き終えた各曲をばらつきなく一つの作品として聴けるように各フォーマットへ転換し、音質・音圧調節を行うこと。

〈龍一的語彙〉マスタリング作業は完成形のチェックだけのほぼおまかせのアーティストもいるが、坂本龍一は途中段階でも精緻《せいち》にチェックしてマスタリング・エンジニアと密なやりとりで作り上げていくタイプ。一度完成したマスタリングをプレス直前にやり直しすることもある。

〈語録〉今回は少し特殊なことをやっていて、マスタリングを国の違う3人のエンジニア、それぞれアーティストと言ってもいいぐらいの優秀なエンジニアに頼んでいて、その中で一番いいものを選ぼうとしています。ハワイに来る前に2人分は届いたんで、あとひとり分を待っている。ハワイからニューヨークに帰る頃にはそれが届いていると思うのですぐに確認して、誰のマスタリングのものでいくかを決めないといけません。マスタリングという最後のお化粧はとても重要で……、と言いつつ、今まで僕はそこは自分の手から離れちゃうので割とおざなりにしていたことがあって、「しっかりしなさい」とちょっと非難されたりしていたんですよ（笑）。だから今回は世界的に活躍している3人の個性の違うエンジニアにお願いすることにしました。大体、アーティストとエンジニアの関係は婚姻関係ぐらいツーカーでわかる間柄がいいとされるので、この人でと決めると10年、20年と一緒に仕事をするのが普通だったりします。僕の場合も長く一緒に仕事をしていた人がいたんだけど、エンジニアも歳をとると聴力が落ちていくので、聴こえない音も出てくる。20代の頃の聴力と違うので。それで今は、その都度、ベストな人を探していますね。（冊子『設置音楽』2017年4月）

せんもん【専門】

〈一般的語彙〉ひとつのことだけを研究したり、受け持ったりすること。また、専ら研究・担当する領域。（角川必携国語辞典）

〈龍一的語彙〉多くの職業音楽家の場合、ポピュラー、ロック、ジャズ、クラシックなど専門分野を決めて活動していることが多い。坂本龍一はどの専門分野にも属していない。

〈語録〉おかしな表現かもしれませんが、僕はミュージシャンとして何者でもない。ジャズ・プレイヤーでもクラシックのプレイヤーでもポップスのプレイヤーでもない。プレイヤーとしても、キーボーディストでピアノが一番得意ですが、そんなにうまいわけでもない。そしてインストゥルメンタリストというわけでもない。守備範囲というか、いろいろとやっていて、専門分野を持たない妙な存在なんです。

（映画『Ryuichi Sakamoto: CODA』のためのインタビュー　２０１４年）

せっしょん【セッション】

〈一般的語彙〉お互いになじみのないミュージシャン同士による新しい可能性を求める演奏のこと。多くの場合一回性のもの。ギグやジャムとも言う。

〈龍一的語彙〉譜面に書かれた音符を再現するだけの演奏はつまらないと公言する坂本

龍一にとっては、即興演奏こそが重要で、１９７０年代の阿部薫《あべかおる》とのセッションや、ソロ・デビュー前の六本木ピットインでのフュージョンのコンサートでのセッション、１９８０年代のナム・ジュン・パイクらとの、あるいはビル・ラズウェルらとのセッションのコンサートは今でも強く印象に残っているという。近年も大友良英《おおともよしひで》、ジョン・ゾーンなどと多くの即興演奏を行っている。

〈語録〉そういえば、最近、他人と一緒に演奏したことがないミュージシャンが意外と増えてるみたいなんですよ。去年、ぼくがとても才能を買っている若いミュージシャンとセッションしてみたんだけど、なんだかうまくいかない。あれ、おかしいなあと思ったら、実は人と一緒に演奏するの初めてなんですって。コンピューターを使えば全部ひとりでできちゃう時代ですしね。（『ＳＡＮＺＵＩ』２０１４年４号）

かゔぁー【カヴァー】

〈一般的語彙〉他の誰かが発表した楽曲を、演奏または歌唱して発表すること。本人の楽曲の場合、セルフカヴァーと表わすことが多い。

〈**龍一的語彙**〉『戦場のメリークリスマス』は発表から今日に至るまで、世界中で様々なアーティストが各種のカヴァー・ヴァージョンを制作しているほか、オルゴールやスーパー・マーケットの店内で流れるようなＢＧＭ（ミューザック）化もされている。デヴィッド・ボウイが１９８３年に来日して坂本龍一に会った時、スイスのモントルーの放送局で同曲のメロディが時報として使用されているのを聴いたと明かしている。

〈**語録**〉**『戦場のメリークリスマス』のカヴァーを聴いて感心したことがない。ちゃんとした楽譜を出版していないという自分の責任でもあるけれど、カヴァーのほとんどがコードなどをまちがっているので、聴いていて不愉快でしようがない。そして、ポップスやロックの世界でカヴァーする時は、コードのちがいなどは許されてしまっているところがある。実はすごくイヤ。勝手に変えてほしくない。**

（坂本龍一×藤倉大対談２０１１年12月　未発表）

ちゅーば【チューバ】

〈一般的語彙〉金管楽器のひとつ。大形で、らっぱの中ではもっとも低い音を出す。テューバ。

〈龍一的語彙〉坂本龍一は中学時代にバスケットボール部とブラスバンド部に所属。ブラスバンドで担当楽器はチューバだった。

〈語録〉中学に入ってすぐ、音楽の先生が僕を名指しで「チューバの口だね！」といきなり言うわけ。それでオルグされて仕方なく（笑）。僕はもっとかっこいいトランペットとかトロンボーンとかいいなと思ってたんですけど、チューバって泥臭いんですよね。重たくて大きくて。チューバはほとんどメロディは吹かないわけですから、ずっとド・ソ・ド・ソとか。一番縁の下の力持ちなんですね。どんくさいなあ、と思いながらしようがないからやってましたけどね。（『新宿高校ＰＴＡジャーナル』２０１２年１２９号）

おんがくりすと【音楽リスト】

〈一般的語彙〉音楽を再生する順番に並べ、一覧にしたもの。

〈龍一的語彙〉坂本龍一はリスト魔である。自身のラジオ番組『RADIO SAKAMOTO』でも毎回おすすめの音楽のプレイリストを紹介しているほか、雑誌やWEBなどにお気に入りの音楽や本のリストを公開することも多い。リストの公開は、自分が気に入っているものをみんなと共有したいという気持ちから。

〈語録〉療養中に、食べたいものリストを作ったのと同様に、聴いて感動した音楽リストも作りました。病気になる前はただ聞き流していたような音楽なのに、療養中にふと耳にしたらびっくりするほど感動を覚えた曲がいくつもあるんです。それまでなんとも思ってなかったのに、涙が出るほど感情を揺さぶられる。例えばリストにあるのはバッハの「フーガの技法」。もちろん前から好きだったのだけど、病気時に聴いたらこれまでにないほど感動した。あと、YouTubeから流れてきたチャカ・カーンの歌もすごかった。歌からも演奏からもエネルギーが溢れ出ていて、これにはやられました。もともと好きなシンガーではあったんだけど、ここまで心を揺さぶるのはなぜだ？　病気の時はなんでも感動しちゃうのかなと思ったぐらい。当時すでに84歳のキューバのオマーラ・ポルトゥオンドという映画の『ブエナ・ビスタ・ソシアル・クラブ』にも出演しているおばあちゃん歌手の歌にも感激して大ファンになってしまいました。そして、音楽とは言えないけど、窓の外から聞こえてくる鳥の声にも涙しましたね。

（映画『Ryuichi Sakamoto: CODA』のためのインタビュー　２０１４年）

おんぐ【音具】

〈一般的語彙〉音を出す道具のうち、音が出る楽器とは言いにくい物、演奏を目的として作られていないもの。楽器とは区別して呼ぶ時に用いる。風鈴や鳴子など。

〈龍一的語彙〉アルバム『async』のレコーディングにおいて、坂本龍一は既製の楽器のほかに、多くのモノを音を出す道具として使用した。

〈語録〉昨年、アルヴァ・ノトとグラスハウス（米コネチカット州にあるフィリップ・ジョンソンによる歴史的なガラスの家）でインプロヴィゼーションをやったんだけど、そのガラスの壁を楽器にしようというテーマで。その時、ガラスが発している音を聴きたいと思ったんだけど……、これは物理的な話なんですけど、風とか地面からの振動で音を発していると思ったら、あそこのガラスは分厚くてあまり音を発してなかった（笑）。ガラスから音を取るのは困難だったんですけど、その代わり、擦《こす》ったり、叩《たた》いたりして、ガラスから音をひろって、いい即興ができた。それがとても新鮮な経験だったので、そこから進化させて、ガラスの楽器を作りたいと思っています。楽器と言っても、叩いたり、擦ったりして、音を出すようなもの。だから、イメージは、グラスハウスの一部を切り取って、ステージで使えるようなものですかね。それはもう2、3年後には完成して、オペラでも使いたいと思っています。楽器というより音具かな。

（冊子『設置音楽』２０１７年４月）

てん【点】

〈一般的語彙〉小さなしるし。とくに決められた位置、立場。

〈龍一的語彙〉坂本龍一にとってピアノは点の音を出す楽器で、その限界を超えるために、近年は内部奏法を多用するほか、『ａｓｙｎｃ』では、外部を叩《たた》いたり擦《こす》ったりしてピアノに使用されている木材などの自然物としての音を出現させている。

〈語録〉ドローン的なアンビエント音楽をピアノで表現するのは難しい。ピアノは鍵盤《けんばん》によって音がはっきりと分かれる楽器。ドイツ語では「Punkt（＝ポイント）」と言うのだけど、音が点として表れる楽器なんです。音を出すと、コントロールできるのはせいぜいアタックが強いか弱いかぐらいで、ストリングスやシンセサイザーのように音が移り変わっていったり、モヤモヤっといつまでも続いていくということができない。例えば『レヴェナント：蘇えりし者』のテーマ曲などはピアノ・ソロでそのまま演奏すると味気ない曲なんです。音がはっきりと点となって区切られない、形状は見えるんだけれど同時にモヤ〜っとした風景の曲ですから。

（映画『Ryuichi Sakamoto: CODA』のためのインタビュー　２０１６年）

ごひゃくにん【５００人】

〈一般的語彙〉５００人。

〈龍一的語彙〉日本の現代音楽の聖地的な上野《うえの》の東京文化会館小ホールの座席数は６５

0席程度で、1970年代から、この小ホールでの公演に日本の現代音楽ファンが全員いるというジョークが囁《ささや》かれていた。

〈語録〉現代音楽というものを普通の人に説明するのは難しい。僕が東京藝大の学生だった1970年代前半は、いわゆる現代音楽を聴いているリスナーって、日本全国で多分500人ぐらいだって言われていた。1億人のうちの500人（笑）。それで、僕もアカデミックな現代音楽の方から、ロックやポップスの方に行っちゃった。500人を相手に音楽をやっても未来はないかもって思うもの（笑）。

（坂本龍一×藤倉大対談2011年12月　未発表）

三三

演者

おーけすとら【オーケストラ】

〈一般的語彙〉弦楽器、管楽器および打楽器の編成による音楽を演奏するために組織された団体。

〈龍一的語彙〉坂本龍一は１９８０年代からアルバム『プレイング・ジ・オーケストラ』シリーズなど、そのディケイドごとに必ずオーケストラ作品を残している。自分で指揮をしていることも多く、それらを聴き比べることで音楽家としての坂本龍一の変化も浮かび上がってくる。

〈語録〉音楽自体が変わったかどうかは自分ではわからない。ただ、今回は自分が生きてきた60年余の人生の中でもっとも死に近づいた経験であることは確かです。その影響はなんらかの形で出ているのでしょう。自分でわかる範囲だと、病気が発覚する前に行ったオーケストラ公演での指揮と、『母と暮せば』や『レヴェナント：蘇えりし者』でのオーケストラの指揮の時とでは、自分で言うのは面映《おもは》ゆいけれども、なんというか、表現の幅が増しているという気がしました。真剣度がちがうというのかな。指揮者とオーケストラとの関係の上で、自分はこれぐらい真剣なのだから、あなたたちも真剣に音を出してくださいというような気持ちが伝わっているかのような感覚がありました。こちらの顔つきなのか、醸し出す雰囲気なのかはわかりませんが、そのことでオーケストラから出てくる音は確実に変わったと思います。（『ミュージック・マガジン』２０１６年2月号）

がっしょうぶ【合唱部】

〈一般的語彙〉声の高さによって分かれたグループごとに、異なったメロディを同時に歌って、全体で一つの曲を歌う活動。コーラス隊。

〈龍一的語彙〉坂本龍一は高校時代には合唱部に所属していた。

〈語録〉僕は自分は歌がヘタなのを知っていたのであまり歌には興味はなかったのですが、合唱部で指揮をしていた記憶があります。今はどうか知らないけれど、僕の入った頃の新宿高校は3対1の割合で男子が多かった。女子はクラスに十人ちょっとしかいなくて、その割りには合唱部には女子が多かったんですね。それで僕が一年坊主なのに曲を選んで指揮をしていました。ああそうだ。夏の合宿にも参加した覚えがありますね。

（『新宿高校PTAジャーナル』　2012年129号）

あれんじゃー【アレンジャー】

〈一般的語彙〉音楽専門職で広い音楽知識と技術を駆使し、すでにあるメロディにコードやリズム、イントロや間奏などを付け、編曲し、曲を完成へと導く仕事。

〈龍一的語彙〉スタジオ・ミュージシャンとして売れっ子になるに連れ、坂本龍一は編曲の面でも注目されるようになっていった。りりィのアルバム『オーロイラ』（1976年）のように、セッション・バンドの一員であると同時に、アルバム全曲の編曲を担当することも。

〈語録〉スタジオでレコーディングしている時に、ついついこの曲はこうした方がよくなるとか、アレンジメントにもつい口を出してしまう。その場で譜面も書いて、これでどうですか？　と、やっているうちに、いつの間にかアレンジャーの仕事も増えていき

ました。（映画『Ryuichi Sakamoto: CODA』のためのインタビュー　２０１４年）

すたじお・みゅーじしゃん【スタジオ・ミュージシャン】

〈一般的語彙〉自分以外のミュージシャンがレコーディングする際に手伝う形で演奏を行う演奏家。レコーディング・ミュージシャン、セッション・ミュージシャンともいう。

〈龍一的語彙〉１９７６年から１９７８年にかけての坂本龍一は超売れっ子のスタジオ・ミュージシャンであった。大瀧《おおたき》詠一《えいいち》、りりィ、矢沢《やざわ》永吉《えいきち》、山下《やました》達郎《たつろう》など多数のアーティストのバックのキーボード、ピアノ奏者としてレコーディング、コンサートに関わった。

〈語録〉毎日毎日、昼の12時から夜の12時まで都内のいくつものレコーディング・スタジオを掛け持ちで飛び歩いていました。たしかにお金はたくさん入ってきた。しかし、そのお金を使う時間すらない感じで、次第に気分も生活もすさんでくるわけです。このままの生活を続けていたらダメになるなと思いはじめた頃、日本コロムビアのディレクターからソロ・アルバムの話があり、よし、もうスタジオ・ミュージシャン生活から足を洗う時がきたなと思いました。（映画『Ryuichi Sakamoto: CODA』のためのインタビュー　２０１４年）

じゃず・ぴあの【ジャズ・ピアノ】

〈一般的語彙〉ピアニストがジャズ音楽を演奏する時に用いる技法の総称。アドリブを中心とした自由度の高いパフォーマンスで、旋律と和声の両方の側面を持つというピアノの性質のため、ジャズでのピアノの役割は多面的なものである。

〈龍一的語彙〉坂本龍一はこれまでいくつものジャズ風の演奏を残している。即興的な前衛ジャズ、フュージョンなどスタイルは様々だが、異色なのは清水靖晃《しみずやすあき》の１９８３年のアルバム『北京の秋』でのスタンダード・ナンバーの「エヴリシング・ハップンズ・トゥー・ミー」でのピアノ。この演奏の一部分は翌年に英国のジ・アート・オブ・ノイズの作品でサンプリングされ使用されたことも話題となった。

〈語録〉ジャズ・ピアニストで一番好きな人をひとり挙げろと言われたらビル・エヴァ

ンスになる。彼の演奏はブルーノート・スケールだからたとえばG7のドミナントを弾いている時にファのシャープが鳴っている。しかもあの人は音を抜いて左手はだいたい7度を弾くことが多い。しかも右手は半音だから音がぶつかっていて、理論的にみれば貧しい響きのはずなんだけど、アタックが強いこともあってそれがカッコよく聴こえちゃう。瞬間的に、なんというかドミナントという機能が壊される感じになることがある。

（坂本龍一×藤倉大対談２０１１年12月　未発表）

三四

ソロ

びー・つー・ゆにっと【B-2 Unit】

〈龍一的語彙〉1980年に発表された坂本龍一の2枚目のソロ・アルバム。わかりやすいメロディを排し、ダブの手法でアヴァンギャルドな音空間を創出。ニューウェイヴ・ディスコ的な人気ダンス・トラック「Riot In Lagos」も収録している。

〈語録〉YMOが『BGM』を作る前の年に、ぼくはYMOの商業的成功をすでに忌まわしいものと感じていて、ポップなYMOを仮想敵としたようなアンチ・ポップな『B-2 Unit』というソロ・アルバムを作りました。YMOがポジティヴな正のイメージだったら、坂本龍一個人は負のエネルギーを持った作品を作ろうと思った。そうしたら負ではあっても強いエネルギーが結晶となって、予想以上に面白いアルバムになった。

（映画『Ryuichi Sakamoto: CODA』のためのインタビュー　2014年）

おんがくずかん【音楽図鑑】

〈龍一的語彙〉1984年に発表された『音楽図鑑』は、立ち上げ予定の自身のレーベル「School」からの発表になるため、レコード会社の制約を受けず、予算のことも考えずに長期間スタジオを占有して作られた。売り上げは大きかったが、膨大な制作費を考慮すると発売時にはほぼ赤字だったと伝えられている。

〈語録〉パソコンとDTMの登場以前は、レコーディングするにしても他のミュージシャンと一緒に練習して、1時間なり1日なりをかけていいテイクが録《と》れたら、それがゴールじゃないですか。個人でコンピューターでやりだすと、ここがゴールという地点がない。リミット・レスなのでいくらでもやっていられる。むかし、まだアナログの時代に『音楽図鑑』(1984年)というアルバムを作って、その時もリミット・レスで、本当は制作費という意味でのリミットはあったはずなんだけど(笑)、それを僕本人は知らずに1年10カ月もスタジオを借りてレコーディングし続けた。同じ曲をほんのちょっと変えるだけで録音し直し。今はそういう変更も、コンピューター上で数字をいじるだけで簡単に変わるから、自宅でいくらでも『音楽図鑑』的な状況を続けられる。どこかでやめるっていう決意が今は大事なんです。(『SANZUI』2014年4号)

えすぺらんと【エスペラント】

〈一般的語彙〉世界中の誰もが使える言葉として、ロシア領ポーランド在住のユダヤ人、ザメンホフが創作し、1887年に発表した国際語。希望する人という意味。

〈龍一的語彙〉1985年にリリースされた坂本龍一のアルバム。本来は舞踏家モリッサ・フェンレイの依頼による前衛ダンスのための音楽だが、内容は坂本龍一に完全にまかされ、ソロ作品と同じく自由に制作された。サンプラーを駆使し、電子音楽と民族音楽が融合したような藝大時代の坂本龍一の想像が実現した作品となっている。

〈語録〉『エスペラント』は民族音楽と電子音楽の融合という点でも非常に気に入っている作品で、僕の作る音楽には最初の『千のナイフ』の時から、ずっと融合の気持ちが底流としてあるんじゃないかな。そう、今でも。

（映画『Ryuichi Sakamoto: CODA』のためのインタビュー　2014年）

ねお・じお【NEO GEO】

〈一般的語彙〉20世紀にアメリカの建築家R・バックミンスター・フラーが提唱した建築・景観のヴィジョンに影響された建築運動。

〈龍一的語彙〉1987年に発表された坂本龍一のソロ・アルバム。ハービー・ハンコック、PILらとの仕事で著名なビル・ラズウェルをプロデューサーに招き、ソロ・アーティストとしての海外進出のきっかけとなった作品。

〈語録〉僕の場合は、建築の運動のコンセプトや考え方に影響を受けたというよりも「NEO GEO」という語感そのものに惹《ひ》かれました。この言葉を僕なりに解釈して再定義して使ったという感覚。現実の地図に対して、それぞれの頭の中にある主観的な文化地図と言うかな？　例えば現実の地図ではニューヨークと東京はとても離れていますけれども、僕の脳内の地図ではすごく近い位置にある。それまでは遠い場所だったのが、そこに住む友達がひとりできることで急に近く感じたり。心理的な面や文化的な面で近かったり遠かったりする個人的な面白い地図。そういう意味合いでした。

（映画『Ryuichi Sakamoto: CODA』のためのインタビュー　2014年）

びゅーてぃ【BEAUTY】

〈一般的語彙〉うつくしさ。また、美人。（角川必携国語辞典）

〈龍一的語彙〉１９８９年に発表されたソロ・アルバム。メジャー・レコード会社のヴァージン・アメリカと契約しての第１弾アルバムで、世界各国で発売された。前作『NEO GEO』（１９８７年）に続き、沖縄音楽やワールド・ミュージックの要素をふんだんに取り込みながら、英米の最先端のポップスのフィーリング、ビートも融合させた意欲作だった。

〈語録〉『BEAUTY』の頃は、ある特定の国家や社会から離脱したいという気持ちが強くなっていました。それは子供の頃からの社会の歯車になりたくない、アノニマス的でありたいという気持ちの延長線上なのですけど、どこかと敵対するのではなく、単純にどこにも所属したくないという気持ち。音楽的にも特定の文化の音楽ではなく、いろんな文化の音楽をデモクラティックに表現したいという気持ち。これはもっと後にまで続いていて、デヴィッド・シルヴィアンと一緒に作った「WORLD CITIZEN」（200

3年）という曲も同じ気持ちでした。

（映画『Ryuichi Sakamoto: CODA』のためのインタビュー　2014年）

はーとびーと【ハートビート】

〈一般的語彙〉鼓動。心臓が血液を送るために動くこと。また、心臓の動く音。

〈龍一的語彙〉1991年にリリースされた坂本龍一のアルバム。ニューヨークに居を移して初めてのアルバムとなった。前作『BEAUTY』の路線を踏襲しつつも、ハウスのビート、グルーヴを援用。アルバム・タイトルはハウスのBPM（テンポ）が人間の心拍数と近値であることからつけられている。

〈語録〉湾岸戦争さなかのアルバムで、街のあちこちに出征兵士の無事な帰還を願うイエロー・リボンが飾ってあったり、僕が仕事をお願いしていた会計士が予備役招集されて湾岸に出征したり、戦時下の国にいるんだということを実感しながら作りました。

（映画『Ryuichi Sakamoto: CODA』のためのインタビュー　2014年）

いちきゅうきゅうろく【1996】

〈龍一的語彙〉1996年にリリースされたピアノ・トリオ形式のアルバム。それまでソロ・アルバムで続いてきたポップ路線から離れたクラシカルな作品となって話題を呼んだ。

〈語録〉友人のアート・リンゼイを通して、彼の故郷のブラジルのミュージシャンたちと知りあう機会が増えた。そのなかでも仲がよくなったのがジャケス・モレレンバウム。彼はチェロ奏者で、ぼくはピアノ。そこにエヴァートン・ネルソンというレゲエ・フィルハーモニック・オーケストラという楽団をやっていたヴァイオリン奏者を加えて、初めてピアノ・トリオという編成でライヴをやりました。最初が1992年。3人ともクラシックも弾けるけど、レゲエやボサノヴァなど他の音楽も弾けるというミクスチャーな感じでおもしろくて、毎年のようにライヴをやっていくうちにアルバムに発展したのが『1996』です。外から見たら、突然方向転換してピアノ・トリオのアルバムを作ったように見えたかもしれないけど、積み重ねの結果でした。

（映画『Ryuichi Sakamoto: CODA』のためのインタビュー　２０１４年）

はっぴー・えんど（きょく）【ハッピー・エンド（曲）】

〈一般的語彙〉シングル「フロントライン」のB面に収録されている楽曲。作詞・作曲・編曲は坂本龍一。１９８１年にアルファレコードより発売された。またＹＭＯのアルバム『ＢＧＭ』にもメロディが割愛されて収録されている。

〈龍一的語彙〉１９８１年に書かれ、ＹＭＯとしてもソロ名義でも発表された「ハッピー・エンド」については、ＹＭＯからの脱退、もしくはＹＭＯの解散を望む坂本龍一が、細野晴臣のかつての所属バンド「はっぴいえんど」にかこつけてこの曲名をつけたという説が流れた。１９８０年代にしばしば演奏されて以降、長年顧みられなかった曲だが、２００９年のソロ・ピアノ・ツアーの際に坂本龍一はこの曲の魅力を再発見し、以降、ピアノやオーケストラのコンサートで演奏されるようになった。

〈語録〉オーケストラのコンサートで取り上げた「ハッピー・エンド」という曲は、１

981年にイエロー・マジック・オーケストラのために書いた曲。もともとは、マイケル・ナイマンの影響で作ったのですが、意外といい曲ができてしまった（笑）。2009年のピアノ・ソロは、MIDIピアノを使ったひとり連弾という編成なので、ピアノ1台での演奏では難しいであろうこの曲もできると思ったんですね。それでリズムとハーモニー、メロディを2台のピアノで分けて演奏してみた。しかし、ツアーが進むに連れて、この曲はハーモニーの進行とメロディの絡みがきれいなのだから、それだけを使ったリズム抜きのアレンジをしてみたいと思ったんです。そこで、次にやったピアノ・トリオで新しいアレンジを試してみたら、それもうまくいって、次にオーケストラ用のアレンジもできました。もともとがシンフォニックなサウンドだったことに気付きました。（『SANZUI』2014年4号）

ぼれりっしゅ【ボレリッシュ】

〈龍一的語彙〉坂本龍一作曲の曲。訳すと「ボレロみたいなもの」。ラベルの「ボレロ」の構造そのままに、ブライアン・デ・パルマ監督の複雑なカット割りや演出のテンポにあわせて作曲、調整された大作。フランスではこの曲のハウス・リミックスのシングルも制作された。

〈語録〉映画音楽では、「これこれこういうような曲を作ってくれ」「誰それのあの曲っぽいものを作ってくれ」と言われることが本当に多い。著作権に触れるから、僕はそういうことを頼まれてもほとんど応じないのだけど、唯一、ラベルの「ボレロ」そっくりの曲を作れと言われた「ボレリッシュ」だけは例外。あれは映画の内容に不可欠で必然性もあったのだけど、やはりラベル財団から訴えられそうになりました。現在の映画音楽作家たちはすべてそういう板挟みの苦悩があると思います。

（『NO MUSIC, NO LIFE. Yearbook 2016』２０１６年）

ぐれいしゃー【グレイシャー】

〈龍一的語彙〉坂本龍一のオリジナル・アルバム『out of noise』（２００９年）の収録曲。北極圏での体験がインスピレーションになった楽曲。映画『レヴェナント：蘇えりし者』の本編でも１カ所でそのまま使用されることになった。

〈語録〉あの曲は9分ぐらいの長い曲ですが、『レヴェナント：蘇えりし者』の仮編集の段階では、そのままの長さで計3カ所ぐらいに使われていました。あの曲の冷たい感じが映画に合っていたのでしょうね。（『NO MUSIC, NO LIFE. Yearbook 2016』２０１６年）

あしんく【async】

〈一般的語彙〉synchronization（＝同期）の否定形。非同期を意味する英単語。

〈龍一的語彙〉２０１７年に発表された、坂本龍一の8年ぶりのオリジナル・ソロ・アルバム。２００９年の『out of noise』以降の坂本龍一の音楽的な歩みが凝縮されるとともに、東日本大震災や自身のガンとその治療など、公私さまざまな出来事を経ての完成となった。自然の音、電子音などが音楽の中で同期を拒みながらも一体となり、新しい境地を開いたとも評された。２０１７年春と冬に『async』の音楽を主体としたインスタレーション『設置音楽展』を開催。

〈語録〉『async』を作ったあとに、韓国映画の『南漢山城』の音楽を手がけました。

そこには『async』的な音も当然入ってはいるけれども、2カ月ぐらいその作業に没入していて、『async』のことが頭から離れていた。映画音楽って曲数も多いし、それぐらい集中しないと作れない。どうしてもその前の音楽が脳内から押し出されちゃう。しかし、これから年末の『設置音楽展』のために、また頭を『async』に戻します。今度は『async』に新しい要素をどんどん入れて、1～2年後の僕の音楽の展開を見据えたものになります。（2017年8月の未発表インタビュー）

えす・えぬ／えむひごじゅっぱーせんと【SN／M比50％】

〈龍一的語彙〉2016年12月29日に坂本龍一のホームページにて突然、「Ryuichi Sakamoto: SN／M比50％」というメッセージが表示された。このトップ・メッセージに意味は書かれていなかった。これはニュー・アルバム『async』のティーザー予告で、この言葉のみが発表された時はさまざまな解釈と憶測を呼んだ。

〈語録〉今回のアルバムは14曲で65分ぐらいなんです。僕のアルバムとしてはちょっと短い。僕がここでいいと思って止めてるんで、結果は関係ないんです。結果そうだったってことでしかない。面白いですよね。このアルバム以前、今まではやっぱり「70分ぐらいあったほうがいいんじゃないの?」とか形式に囚われていたんですが、もう「くだらねえ」と(笑)。時間にして4分とか5分ですけど、時間の長さだけの話ではなくて、もっと本質的な話でね。そこはとても大事なところで、それが「SN/M比50%」というメッセージの答えなんですよ。「モノの音を聴きたい」と思って、いい音をたくさん録った。実際にいい音ばかりで。「それが自分の聴きたい音なんだから、それを並べるだけでいいんじゃないの?」って、最初の4カ月の中で本気で思っていた時期もあるんです。そして、それを並べて、編集して聴いてみた。でも、それだけだととても不満なんです。その時にはじめて「ああ、音だけじゃ不満なんだ」って気づいた。音がただ並んでいるだけだと不満でどこかで音楽になっていないといけない。自分にとっての〝音〟と〝音楽〟の違いを考えざるを得なくなって。そう考えると、そこに何かしらの形式が求められることがわかってきた。それは繰り返しだったりとか、起承転結だったりとか、そういう音楽の形式を自分の耳は望んでいるということが本当の意味でわかりました。「M50%」ではなく、「M0%」。でも、聴いてみて、今回のアルバムではそれはなかった。ただ、フィールドレコーディングをたくさん繰り返して、いい音がたくさん集まっているから、「M0%」バージョンも作ってしまおうかと思っているけどね。

この感触が残っているうちに。音楽的要素はないけど、自分の好きな音の集まりなんで。この話って、なんだか面白いよね。（冊子『設置音楽』２０１７年４月）

すこら【ｓｃｈｏｌａ】

〈龍一的語彙〉２００８年からスタートした坂本龍一監修による書籍＋ＣＤという形の『ｃｏｍｍｏｎｓ：ｓｃｈｏｌａ』シリーズ（２０１７年現在19巻まで刊行）。坂本龍一のライフワークのひとつで、坂本龍一なりの視点で後世に伝えたい音楽を編纂《へんさん》して、その魅力を伝えようとしている。同シリーズから派生して、２０１０年から２０１４年にかけて、坂本龍一が講師となって毎回ゲストとともに様々なジャンルの音楽を子供たちにレクチャーするＮＨＫ教育テレビの番組『スコラ　坂本龍一　音楽の学校』の制作も行われた。スコラは「学校」を意味する。

〈語録１〉今までそれぞれやってきたことの関係性が太くなってきていて、『スコラ』も学校で聴かされる音楽だけじゃなくて、もっといろんな音楽があるよというメッセージの中に、自然の音を聴いたりすることも入ってきているんです。身の回りにはたくさんの音楽があって、それに気がつくかどうかなんだという。音楽の種類というか、聴き方というか、結局そのことだったのかな、と。僕も今になってやっと（笑）、そのことに気がつき始めてるという感じですね。でもそういうふうに考えると『スコラ』で扱っている音楽も、一つ一つの意味が自分の中でより明確になってきたし、何を伝えたいのかということもすごく明快になってきています。（『SWITCH』２０１１年12月号）

〈語録2〉インターネットが普及して音楽の値段がゼロに近づいて、何でも聴けるようになった。昨日できた曲も、30年前にできた曲も、同じようにフラットに聴けるし、誰が作ったということも関係なく聴ける。音楽にあったヒエラルキーみたいなものがなくなってきた。良い音楽を誰も教えてあげないで育っちゃう子が増えているような気がして。大人が、これは良いから聴いてみたらくらいのことは示してあげてもいいんじゃないかと思って始めたんです。まあ、僕のプレイリストみたいな感じに近いかもしれません。他人のプレイリストって、興味があるじゃないですか。そういう軽い気持ちで始めたんですけど、やり始めたら結構大変で、間違ったことは言えないし、それなりに勉強しなきゃいけなくて。１巻作るのに結構時間がかかるんですよ。他人に説明できるほど詳しくはないジャンルもありますし。（『esエンタメステーション』２０１６年４月16日）

三五

YMO

てくのぽりす【テクノポリス】

〈龍一的語彙〉1979年に発表された坂本龍一作のYMOの楽曲。「TOKIO」という当時のYMOのサウンド・アイコンともなったロボット・ヴォイスのイントロが印象的で、YMOの最初のシングル曲となって大ヒットした。

〈語録〉U-Zhaanに言わせると、U-Zhaanとハラカミ君は「テクノポリス」をすごく細かく、キメとかたくさん作って練習していたそうです。でも昨日の演奏（プロジェクトFUKUSHIMA!での演奏）はその練習したヴァージョンではなくて、とにかくのんびりやろうということで。途中止まっちゃったりしたけど、結構いい感じでしたよ。楽しかった。ピアニカはあんまり吹く機会はないんですよ……。多分ダウンタウンとやった「アホアホマン」以来ですね（笑）。意外と吹けるもんだなと自分でもびっくりしました。（『SWITCH』2011年12月号）

びー・じー・えむ【BGM】

〈一般的語彙〉「バック・グラウンド・ミュージック」の略語。（角川必携国語辞典）

〈龍一的語彙〉ＹＭＯが１９８１年に発表した３枚目のフル・スタジオ・アルバム。『ＢＧＭ』というタイトルには言葉通りの〝バック・グラウンド・ミュージック〟のほかに〝ビューティフル・グロテスク・ミュージック〟の意もあるとされた。

〈語録〉僕も細野さんも幸宏も、あの時点でみんな急激にＹＭＯが売れてしまったことへの違和感を持っていたんだと思います。そこで、それまでのポピュラリティを得たＹＭＯの音楽とは違う方向のダークなアルバムを作ることで意思が一致した。成功したいと思って始めたＹＭＯがその希望通り成功したのだから、通常はその売れた方向を続けていくのが常道でしょうけど、メンバーの３人ともあんなに売れてしまったのは嫌だったんですね。（映画『Ryuichi Sakamoto: CODA』のためのインタビュー　２０１４年）

てくのでりっく【テクノデリック】

〈龍一的語彙〉１９８１年に発表されたＹＭＯの４枚目のフル・スタジオ・アルバム。

世界で初めてサンプリングをフル活用したアルバムとも評されており、工場音や人間の身体が出す音などが音楽に取り込まれている。民族音楽的要素も目立ち、坂本龍一にとってはもっとも好きなＹＭＯのアルバムになった。

〈語録〉『ＢＧＭ』を作ったら、予想通り売れなかった。その前のアルバムが１００万枚以上の売り上げだったのが、『ＢＧＭ』は30万枚。レコード会社は困ったでしょうし、プロデューサーとしての細野さんも困ったのかもしれないけど、僕らはまったく頓着《とんじゃく》せずに、いいアルバムができたじゃないか！　もっと実験的なことをやろうと、すぐに次のアルバム『テクノデリック』を作りはじめることにしたんです。その『テクノデリック』が、ぼくはＹＭＯのアルバムの中で一番好きなもの。実験的だし、その後の僕の音楽に通じるところもある。この『テクノデリック』でＹＭＯでやれることはやりつくしたという感じを３人とも持ち、ＹＭＯは解散に向かったわけです。

（映画『Ryuichi Sakamoto: CODA』のためのインタビュー　２０１４年）

うわきなぼくら【浮気なぼくら】

〈龍一的語彙〉ＹＭＯが１９８３年に発表したアルバム。１９８２年の約１年間の休業期間を経て、再びＹＭＯのメンバーが結集した復帰第１作である。前作『テクノデリック』までの実験的な路線から、ＹＭＯがポップ・フィールドに回帰した作品となった。カネボウ化粧品のＣＭに使用された「君に、胸キュン。」を収録。

〈語録〉『テクノデリック』でやれることはやり尽くしたという感じをみなが持っていたので、その時点でＹＭＯを解散してもよかったのでしょうけど、最後に１年間、花火を打ちあげるような感覚でパッと散るというのもいいのじゃないか、と。そこで最後はポップな歌謡曲のアルバム『浮気なぼくら』を作ったんです。ああいう明るい作品で、桜が散るように終わろうと思ったんですね。

（映画『Ryuichi Sakamoto: CODA』のためのインタビュー　２０１４年）

三六
プロジェクト

らいふ【LIFE】

〈一般的語彙〉生命。生活。くらし。（角川必携国語辞典）

〈龍一的語彙〉坂本龍一の初のオペラ作品。１９９９年に大阪と東京で上演された。革命と戦争の世紀であった20世紀を総括し、来るべき21世紀への希望を希求する内容となり、多大な映像、ナレーション、テキストを使用した壮大な作品となった。２００７年には映像作家でアーティストの高谷史郎《たかたにしろう》とともに本作の素材を再構築したインスタレーション作品『LIFE-fluid,invisible,inaudible…』も制作された。

〈語録〉たまたま20世紀の最後にオペラを発表することになり、20世紀という時代をテーマにした作品とすることを決めました。オペラと言ってはいるけれども、本当に『LIFE』をオペラと呼んでいいのかはわかりませんが（笑）、とにかく20世紀という時代を総括したものにしたかった。20世紀とは、やはり戦争と革命の世紀であり、その前の19世紀とは人間による人間の殺戮《さつりく》の数もケタ違いに増えた。大きな世界大戦がふたつあり、大量破壊兵器も登場しました。それを支えている科学とテクノロジーの世紀とも言える。そういう重く悲劇的なテーマを描いていったのですが、当時はそれでも人間には知恵があるし、後からこの20世紀という戦争と殺戮の世紀をふり返れば、なんと昔は愚かだったのだろうと反省するにちがいないという気持ちもありました。なので、作品には環境破壊も大量殺戮もきっと20世紀でおしまいになり、次の21世紀からは時代はよくなっていくだろうという希望も込めている。ところが21世紀になったとたんに（2001年に）9・11の同時多発テロが起こり、21世紀はテロの世紀としてここまで続いてきてしまっている。本当にがっかりしています。

（映画『Ryuichi Sakamoto: CODA』のためのインタビュー　2014年）

あとみっくかふぇ【アトミックカフェ】

〈一般的語彙〉１９８２年、国際的に広がった反核運動を起点とし、80年代から継承される反核や反原発をトークやライブで訴えるイベント。１９８４年に日比谷《ひびや》野音でフェスティバルを行ったのを区切りに始まり、90年代に一旦《いったん》活動終了。しかし、その意志はフジロック・フェスティバルの環境への取り組みへと継承されていき、フジロック会場内で再開。

〈龍一的語彙〉坂本龍一がYMOとして出演した同トーク・イベントは1980年代の反核運動の流れを受けたもの。2016年に坂本龍一とも親交のあるSEALDsの奥田《おくだ》愛《あ》基《き》が同様に出演が決まったところ、「フジロックに政治を持ち込むな」という的外れな批判が起こったことも話題となった。

〈語録〉フジロックでは、アトミックカフェというトーク・イベントのステージにも参加しました。今年の3・11の原発事故を受けて、加《か》藤《とう》登《と》紀《き》子《こ》さんや斉《さい》藤《とう》和《かず》義《よし》さんと一緒にYMOの三人でステージに出ました。あの温厚な高橋幸宏君や、仙人のような細野晴臣さんまで、「脱原発」宣言をなさった。細野さんなどは3・11の直後に線量計を購入して、それを持ってステージに。入場制限がかかるくらい、ずいぶんと熱い感じで盛り上がりました。石を投げられるんじゃないかと心の準備はしていたのですけど、大丈夫でした。（RADIO SAKAMOTOでのコメント　2011年9月4日放送）

じゅびりー・にせん【ジュビリー2000】

〈龍一的語彙〉世界の最貧国の債務を帳消しにしようという運動で、提唱者はU２のボノ。坂本龍一も賛同者のひとりとなり、日本向けに、先進国では多くの人が賛同しているジュビリー２０００が日本ではあまり知られていない、とくに日本の若者たちにこの問題を知ってほしいというメッセージを寄せた。

〈語録〉ニューヨークに移住して、音楽家であっても社会的な発言はどんどんするべきだという考えになっていきました。この「ジュビリー2000」の時も、自分が発言すべき問題に関しては積極的に発言しようと思って賛同しました。

（映画『Ryuichi Sakamoto: CODA』のためのインタビュー　２０１４年）

ぜろ・らんどまいん【ZERO LANDMINE】

〈龍一的語彙〉２００１年、地雷問題に関心を持った坂本龍一の呼びかけにより地雷根絶キャンペーンの一環として、国内外からのトップアーティストが集結した特別なユニット（N.M.L＝NO MORE LANDMINE）のこと。チャリティー・シングル『ZERO LANDMINE』を発売。ＹＭＯやデヴィッド・シルヴィアン、クラフトワークなどの坂本龍一と縁の深い世界のアーティストに加え、日本の多くの人気ミュージシャンが集まり大きな話題となった。

〈語録〉もともとはニュース・キャスター／ジャーナリストの筑紫《ちくし》哲也《てつや》さんから声を掛けられて始めた運動です。僕が中心となってキャンペーン・ソングを作るなどして、チャリティの募金もいっぱい集まった。これは今も継続中ですが、そうした募金や寄付金によってかなりの数の地雷を除去することができました。あまりにも埋設地雷が多いので先は遠いのですが。（映画『Ryuichi Sakamoto: CODA』のためのインタビュー　２０１４年）

きずなわーるど【KIZUNAWORLD】

〈龍一的語彙〉「こどもの音楽再生基金」「LIFE311」とともに坂本龍一が立ち上げた、国内外のアーティストが作品を提供し、そのダウンロードの金額を寄付するというプロジェクト。２０１１年４月にサイト『kizunaworld.org』がスタート。坂本龍一自身もイタリアの現代美術家ヴァレリオ・ベッルーティのアニメーション映像のためのオリジナル曲を提供するなど複数の作品にかかわった。２０１４年３月11日の活動終了までに総額6125万1625円の寄付金を集め、被災地の支援にあてた。

〈語録〉災害直後は行方不明者を捜したり、水や食料の支援が必要と。しかし、そういうことが一段落したら、人間には本や音楽が必要となる時間が来る。その時のために、できることを準備していく。壊れた楽器を修理し、地震や津波でショックを受けながらも音楽を必要とする被災地の人々を長期的に支援するのがこのプロジェクトです。僕は音楽を作る人間なので、このプロジェクトのために音楽も作って、寄付の一助になればいいと思っています。（こどもの音楽再生基金設立記者会見　2011年7月20日）

らいふさんいちいちぷろじぇくと【LIFE311プロジェクト】

〈龍一的語彙〉2011年3月11日の東日本大震災における津波被災地への支援としてmore treesが中心になって行った復興支援活動。被災地近隣の自治体の木材を使用した仮設住宅を建設し、木質ペレットや薪を燃料にしたストーブも導入。地域の林業と経済の再生も目指した活動で、岩手県気仙郡住田町にて実施中。東日本大震災以前から活動を続けていたmore treesと、被災地復興の支援活動がシームレスに結びついたという意味で、音楽と支援活動が結びついた「こどもの音楽再生基金」とともに、坂本龍一ならではの支援活動になった。

〈語録〉時に見せる自然の強大さにおののきながらも、できることは何でもしようと思いました。テレビやインターネットで毎日のように被害状況を見ていましたが、実際に自分の足で立って見わたすのとではまったく違いました。被害の大きさの規模に呆然《ぼうぜん》としたし、これを復興させていくのは本当にたいへんな作業になるなという実感がありました。ただニューヨークに住んでいるため、足しげく被災地に行くことはできません。また、僕のような者が行っても邪魔になるだけでしょう。やはり何をするにもお金がかかります。そこでいくつかのプロジェクトを始めました。復興には長い時間がかかります。僕達も息長くサポートしていきたいと思います。（『サムライ』２０１２年３月）

ふりー・ぺっつ【FreePets】

〈龍一的語彙〉２０１１年に集まった署名を坂本龍一自身が衆議院第一議員会館内で動物愛護議連、ならびに与党民主党（当時）に提出。２０１２年の動物愛護法改正に向けた、動物福祉を充実するためのペットショップへの規制を強める署名運動を展開した。FreePetsのトレードマークは坂本龍一が描いたイラストの通称「ふりぺくん」となっている。

〈語録〉ルワンダのことがあり、『LIFE』があり、そして、ジュビリー2000、ZERO LANDMINE、Stop Rokkashoと自然と社会問題に取り組む中で、日本ではとくに問題だと思っていた動物に関する活動も始めました。2010年です。動物のうち、主にペットの扱われ方に関して日本は遅れているということを常々感じていました。繁華街の真ん中で深夜までペット・ショップが開いていて、お酒に酔った人とかも衝動買いでペットを連れ帰る。一方、捨てられて殺処分されるペットの数は先進国の中で群を抜いて多い。人間が自分たちの都合で愛玩《あいがん》動物を作り、モノのように扱う。ガンジーは「その国の動物に対する意識はそのまま国の民度を表している」ということを言っていて、僕も同感です。そこで友人たちと「FreePets」という動物福祉のための団体を作り、動物愛護法改正に合せて署名運動などを行いました。

（映画『Ryuichi Sakamoto: CODA』のためのインタビュー　2014年）

けんこうおんがく【健康音楽】

〈龍一的語彙〉健康と不健康と表裏一体であることを念頭におきながら、音楽にとどまらずに食、運動、笑い、知性など多面的に捉《とら》えたテーマのことをいう。周年にとくに重きを置いていない坂本龍一としてはcommmons10周年記念イベントというものに最初は難色を示したが、このテーマを見つけてようやく乗り気になった。

〈語録〉病気をして、以前より深く健康のことを考えるようになったので、それをみんなと共有したいという思いがありました。それに健康でないと音楽を楽しめない。健康がすべての素《もと》なんだと。でも、音楽自体は不健康なもののほうが魅力的なんですよ。毒があったり、悲しかったりするほうが面白い。だから健康と不健康は表裏一体でもあるんだけどね。（『婦人画報』２０１６年６月号）

せっちおんがく【設置音楽】

〈龍一的語彙〉当初『ａｓｙｎｃ』のみの呼称だったこの展覧会に「設置音楽展」という表

記がついたのは、展覧会場のワタリウム美術館（東京都渋谷区神宮前）から、広報上タイトルの日本語表記も必要と要求されたため、坂本龍一が思いつきでつけた。しかし、周囲に好評で次第に展覧会の内容をうまく表していると自負するようにもなった。

〈語録〉２０１７年４月にワタリウム美術館でやった『設置音楽展』は、できたばかりの『ａｓｙｎｃ』をいろいろな形でお聞かせするというものだったけれど、それよりも、もっとインスタレーション的な展示を２０１７年12月にＩＣＣで行います。『ａｓｙｎｃ』で使った音に加え、新しい要素もどんどん入れる。それは今後の活動のための、いわば『ａｓｙｎｃ』と新作の橋渡しのような形になるのかな。（『Ｓｉｘ』２０１７年秋号）

坂本龍一の言葉

福岡伸一

坂本龍一が見ているであろう光景について

＊＊＊

オスロを訪問した。北欧に旅するのははじめてだった。朝から雨がそぼ降り、まだ9月だというのに日中でも気温があまり上がらない。しかし街は、建物も舗道もどこも端正で清潔だった。細かな雨は夜半をすぎてもやまず、石畳に冷たく反射する街灯の光を滲《にじ》ませていた。

オスロに来た理由はただひとつ。坂本龍一《さかもとりゅういち》×中谷《なかや》芙二子《ふじこ》×田中泯《たなかみん》によるたった一度のライブパフォーマンスを見るためだった。会場は、ノーベル平和センターの横、オスロの港を見渡すことのできる一等地に建設中の国立美術館。工事はまだ途上にあり、完成は3年も先のことである。打ちっぱなしのコンクリート、むき出しの鉄骨、足場には泥水がたまり、その上に板が敷いてある。階段もまだ仮設で、裸の柱が立ち並ぶ高い天井からはひっきりなしに水滴が落下してくる。

この美術館の屋上にある野外テラスがライブ会場だった。上空には高い建設用クレーンが何台も立ち並んでいる。実は、クレーンの腕に規則正しく並んでいるまばゆい白色灯も、ライブパフォーマンスの一部を構成している。照明担当の高谷《たかたに》史郎《しろう》がそう教えてくれた。どんよりと曇った空にゆっくりと旋回するクレーンを見上げていると、くらくらと目眩《めまい》がしてきた。タルコフスキーの古い映画みたいだ。


永遠にやむことのないような勢いで降り続いていた雨が急に上がった。それだけではない。海の向こうの西の空が明るい夕焼けに染まり始めた。鳥が上空にゆっくり飛び、街の側に薄い虹がかかった。

坂本龍一の「ff」の最初の音が会場に鳴り響いた。中谷芙二子が作り出す霧が立ち上り、音を包みながら、霧の外側にある見えない大気に包み込まれていく。そのとき、ここで起きていることが何であるか、わたしははじめて悟った。線形的に進んでいると我々が信じている時間が、ここでは包み・包まれながら、循環的にさまよっている。いや、あるときは逆転さえしている。その証拠に、今、わたしが立っている、この建設中の新美術館が、まるで、打ち捨てられて何世紀もが経過した廃墟《はいきょ》みたいに見えるではないか！

＊＊＊

「ff」は、坂本龍一の新譜、『async』の中心をなす一曲である。それは、ハーモニーともメロディとも呼ぶことのできない作品である。かと言って、不協和音ともノイズともいえないものだ。生成された音は溶けて広がり、空気中を彷徨う。

async の〈a〉は否定の接頭辞の〈a〉。普通でないこと（anomaly）、それ以上分解できないもの（atom）、規範がないこと（anomie）、それと同じ〈a〉である。つまり、sync を否定するものだ。sync とは、synchronicity＝同期、調和、対称性、あるいは再現性。この世界を統べる秩序そのものである。秩序には美がある。秩序が、より正確で、より完璧であればあるほど、その美しさもかぎりなく完全なものに接近する。それは近代的知性が希求してきたベクトルである。別の言葉でいえば、sync とは、YMOが世界中を熱狂させたクールで、ずれのないテクノ音楽であり、坂本をして世界のサカモトに押し上げた端正で美しい映画音楽のメロディーでもある。その synchronicity に、今、坂本龍一は自らの手で、否定の接頭辞〈a〉をつけようとしている。

＊＊＊

オスロのライブに先立つ半年ほどまえのこと、坂本龍一と会うことがあったのだが、彼はこんな印象的な言葉を話してくれた。一生懸命、山を登っていって山の上に立つと、そこからしか見えない風景があるんだよね、と。

これをあえて翻訳するとしたら、こんな風になるのではないだろうか。syncの山を華麗に登攀《とうはん》し、その頂上を極めた坂本に見えてきたものは、意外なことに全く別の光景だった。一瞬にして東北の沿岸を破壊しつくし、絶対に安全だったはずの原発を溶融させ、坂本自身に不意の病として襲い掛かってきた何者かの力。あるいは、ピアノの中に封じ込められていた力。

それは人間がこの世界を制御しうるものとして打ち立てた秩序とは全く異なった別の力だった。それは、言葉による切断と分節によって忘れ去られるもの。星座を見ると見えなくなってしまう夜空の底にあるもの。ノイズとしての、一回性としての自然。動的な平衡としての自然。線形的に流れる時間とは違う、円環的な時間。「ff」が、包み・包まれているもの。

＊＊＊

この本に表れた坂本龍一の言葉は、彼の音楽を説明するものでも、補完するものでもない。ましてや、何らかの宣言やメッセージでもない。なぜなら、asyncには、本来、伝える側から伝わる側へのベクトルはないのだから。そこにあるのは、ただ散らばりながら重なり合い、やがて消えていく音に似た広がりがあるだけだ。記録されてはいるものの、言葉は、夜空の底にある星屑《ほしくず》のように、やがては闇に吸い込まれていく。しかし、それは語られた一瞬、宇宙を構成する光の断片であったことは間違いない。

福岡伸一《ふくおかしんいち》（生物学者）

出典（語録）

『Cut』２０１３年1月号　（ロッキング・オン）　文・渋谷陽一
『esエンタメステーション』２０１６年4月15日（ソニー・ミュージックエンタテインメント）　文・天辰保文
『THE FUTURE TIMES』　２０１２年2月号（THE FUTURE TIMES）　文・水野光博
『GINZA』２０１４年3月号　（マガジンハウス）　文・Izumi Karashima
『i-D Japan no.3』２０１７年4月5日（世界文化社）　文・Georgia Graham
『SANZUI』２０１４年4号（芸団協ＣＰＲＡ）　文・吉村栄一
『SIGHT』２０１７年65号　（ロッキング・オン）　文・渋谷陽一
『SWITCH』２０１１年12月号（スイッチ・パブリッシング）文・猪野辰
『SWITCH』２０１６年5月号　真鍋大度対談（スイッチ・パブリッシング）　文・猪野辰
『アエラ』２０１６年3月28日（朝日新聞出版）　文・津山恵子
『サムライ』２０１２年3月（インフォレスト）
『ビッグイシュー日本版』２０１４年4月1日２３６号（ビッグイシュー日本）　文・稗田和博
『ミュージック・マガジン』２０１６年2月号（ミュージック・マガジン）　文・吉村栄一
『skmt』１９９９年（リトルモア）
『沖縄タイムス』２０１５年11月24日（沖縄タイムス社）　文・与儀武秀
『新潮』２０１１年1月号　大竹伸朗対談（新潮社）
冊子『健康音楽』２０１６年4月（commmons）　文・伊藤総研
『週刊金曜日』２０１３年2月8日号　鈴木邦男対談（金曜日）文・赤岩友香
新宿高校ＰＴＡジャーナル　２０１２年１２９号
冊子『設置音楽』２０１７年4月（commmons）　文・伊藤総研
『東京新聞』２０１２年7月14日（中日新聞東京本社）文・小坂井文彦
『婦人画報』２０１６年6月号（ハースト婦人画報社）　文・佐久間裕美子
『NO MUSIC, NO LIFE. Yearbook』２０１６年（タワーレコード）　文・吉村栄一
『Six』２０１７年秋号（ダイヤモンド社）　文・吉村栄一

「坂本龍一×藤倉大対談」２０１１　未発表　文・吉村栄一
「さようなら原発10万人集会スピーチ」２０１２年7月16日
映画『Ryuichi Sakamoto: CODA』のためのインタビュー
「こどもの音楽再生基金設立記者会見」　２０１１年7月20日
「RADIO SAKAMOTO」でのコメント　２０１１年9月4日放送

参考文献

『角川 必携 国語辞典』（角川書店）
『角川世界史辞典』（角川書店）
『角川新版日本史辞典』（角川書店）

写真（口絵・カラー）
坂本龍一
文
吉村栄一
編集・文
伊藤総研
デザイン
長嶋りかこ
監修・協力
空里香

坂本　龍一（さかもと　りゅういち）
1952年生まれ。1978年、『千のナイフ』でソロデビュー。同年、YMOを結成。散開後も多方面で活躍。映画『ラストエンペラー』の音楽ではアカデミーオリジナル音楽作曲賞、グラミー賞他を受賞。常に革新的なサウンドを追求する姿勢は世界的評価を得ている。2017年3月には8年ぶりとなるオリジナルアルバム『async』をリリース。2023年3月28日死去。

吉村　栄一（よしむら　えいいち）
1966年生まれ。『広告批評』編集者を経てフリーの編集者／ライターに。著書に『評伝デヴィッド・ボウイ』（DU BOOKS）など。

伊藤　総研（いとう　そうけん）
1974年生まれ。編集者。雑誌、書籍、映像、WEB、広告など活動は多岐にわたる。著書に『健康音楽』『設置音楽』（共にcommmons）など。

長嶋　りかこ（ながしま　りかこ）
1980年生まれ。グラフィックデザイナー/village®主宰。VI計画、装丁、宣伝美術、空間などグラフィックを基軸に、美術/環境/福祉/文化等の分野で活動。

龍一《リュウイチ》語《ゴ》彙《イ》　二〇一一年《ニセンジュウイチネン》—二〇一七年《ニセンジュウナナネン》

2017年11月4日　初版発行
2023年8月5日　再版発行

著者／坂本龍一《さかもとりゅういち》

発行者／山下直久

発行／株式会社KADOKAWA
〒102-8177　東京都千代田区富士見2-13-3
電話　0570-002-301（ナビダイヤル）

印刷所／図書印刷株式会社

製本所／図書印刷株式会社

●お問い合わせ
https://www.kadokawa.co.jp/（「お問い合わせ」へお進みください）
※内容によっては、お答えできない場合があります。
※サポートは日本国内のみとさせていただきます。
※Japanese text only

定価はカバーに表示してあります。

ISBN 978-4-04-106214-2　C0073